孤独死が起きた時に、
孤独死に備える時に

Q&A

孤独死をめぐる
法律と実務

相続　遺族　事務手続・対応　孤独死の防止

弁護士
武内 優宏 著

日本加除出版株式会社

はしがき

1 孤独死の増加と社会問題

皆様は「サザエさん」を御存じでしょうか。いわずと知れた国民的アニメです。

サザエさんの家族構成を思い浮かべてください。サザエさん一家は、磯野波平・フネの夫婦、そしてその子であるサザエ、カツオ、ワカメ、さらにはサザエの夫であるフグ田マスオ、サザエとマスオとの間の子であるフグ田タラオの 7 人で暮らしています。

このような例は極端かもしれませんが、かつては、2 世代、3 世代の同居ということは普通でした。そのような暮らしであれば、孤独死すなわち自宅で一人で亡くなってなかなか発見されないという事態はあまり起きることはありません。

しかし、今は、核家族化、少子化、非婚化に伴い、高齢者の一人暮らし、二人暮らしの世帯が多くなってきています。

令和元年の「国民生活基礎調査」によると 65 歳以上の高齢者がいる世帯のうち、単独世帯すなわちおひとり様が 28.8 % を占めます。また、夫婦のみの世帯すなわちおふたり様が 32.3 % を占めます。おひとり様、おふたり様の世帯は合わせて 61.1 %、つまり子供と同居している高齢者の方が少数派なのです。

夫婦二人暮らしの世帯は、先にどちらかが亡くなれば「おひとり様」となることが多いと思いますので、おふたり様は、おひとり様の予備軍に当たるといえます。

高齢者が一人で暮らしていれば、当然、自宅で一人で亡くなるということもあり得ます。

一人で暮らしている高齢者が増えるということは、当然、孤独死する人も増えるということなのです。

2 孤独死について

孤独死という言葉の歴史は意外に古く、1970 年代から使用されてい

65歳以上の者のいる世帯の世帯構造の年次推移

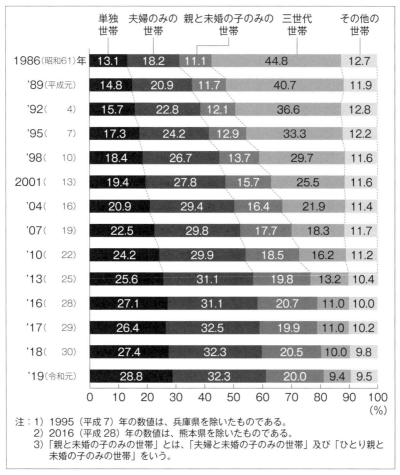

年	単独世帯	夫婦のみの世帯	親と未婚の子のみの世帯	三世代世帯	その他の世帯
1986（昭和61）年	13.1	18.2	11.1	44.8	12.7
'89（平成元）	14.8	20.9	11.7	40.7	11.9
'92（ 4）	15.7	22.8	12.1	36.6	12.8
'95（ 7）	17.3	24.2	12.9	33.3	12.2
'98（ 10）	18.4	26.7	13.7	29.7	11.6
2001（ 13）	19.4	27.8	15.7	25.5	11.6
'04（ 16）	20.9	29.4	16.4	21.9	11.4
'07（ 19）	22.5	29.8	17.7	18.3	11.7
'10（ 22）	24.2	29.9	18.5	16.2	11.2
'13（ 25）	25.6	31.1	19.8	13.2	10.4
'16（ 28）	27.1	31.1	20.7	11.0	10.0
'17（ 29）	26.4	32.5	19.9	11.0	10.2
'18（ 30）	27.4	32.3	20.5	10.0	9.8
'19（令和元）	28.8	32.3	20.0	9.4	9.5

注：1) 1995（平成7）年の数値は、兵庫県を除いたものである。
　　2) 2016（平成28）年の数値は、熊本県を除いたものである。
　　3) 「親と未婚の子のみの世帯」とは、「夫婦と未婚の子のみの世帯」及び「ひとり親と
　　　未婚の子のみの世帯」をいう。

出典：厚生労働省「2019年　国民生活基礎調査の概況」Ⅰ　世帯数と世帯人員の状況
　　　4頁を加工して作成

るようです（全国社会福祉協議会・全国民生委員児童委員会協議会編『孤独死老人追跡調査報告書』（全国社会福祉協議会・全国民生委員児童委員会協議会、1974））。ただ、一般に認知されるようになったきっかけは、平成7年の阪神・淡路大震災後、仮設住宅で暮らす独居老人が多数亡くなっていることを指す言葉として使用されて以降かと思います。

　孤独死という言葉の使われ方は様々ですが、辞書では「看取る人もなく一人きりで死ぬこと」とされています（広辞苑〈第6版〉（岩波書店、2008）。

　行政では、現在、孤独死という言葉はあまり使われておらず、「孤立死」と表現されることが多いです。「孤立死」については、誰にも看取られることなく息を引き取り、その後、相当期間放置されるような悲惨な死としています（内閣府「平成22年度版高齢社会白書」57頁）。

　「平成19年版高齢社会白書」において厚生労働省の取組である「孤立死防止対策の創設」の記載がなされ、また平成18年8月には「高齢者等が一人でも安心して暮らせるコミュニティづくり推進会議（「孤立死」ゼロを目指して）」が設けられました。平成20年3月に同会議の報告書が発表され、「孤立死」を社会問題として捉え、防止することの必要性が説かれました。

　そして、平成22年版以降、高齢社会白書では「孤立死の増加」という項目が設けられ、孤立死に関する統計が公表されています。

　もっとも、行政は孤立死については、「死後○○日経過後に発見された」などという明確な定義づけはしていません。そのため、孤立死が何件発生しているかなどという全国的な統計資料は存在しません。

　なお、高齢社会白書では、東京都監察医務院が公表している東京23区内における一人暮らしで65歳以上の人の自宅での死亡者数をもって、孤立死と考えられる事例の統計資料としています。

　同統計によると、東京23区内における一人暮らしで65歳以上の人の自宅での死亡者数は平成14年に1364人であったのに対し、平成30年には3936人（過去最高）となっており、ここ17年で約2.9倍に増えていることになります。

　この死亡者数が全て孤立死というわけではないという点には注意が必要ですが、いわゆる孤立死の多くはこの人数に含まれると考えられます。

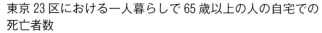

東京23区における一人暮らしで65歳以上の人の自宅での
死亡者数

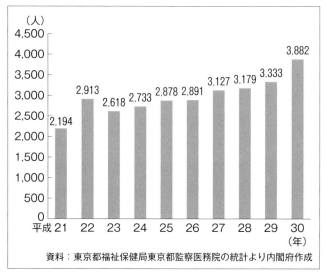

資料：東京都福祉保健局東京都監察医務院の統計より内閣府作成

出典：内閣府「令和2年版高齢社会白書（全体版）」4　生活環境を加
工して作成

　そのため孤立死も、この統計と同様、増加していることがうかがわれます。

3　孤独死の増加と「終活」ブーム

　昭和61年の国民生活基礎調査では、単独世帯13.1％、夫婦のみの世帯18.2％とおひとり様、おふたり様の世帯は合わせて31.3％でした。

　これが前述のとおり令和元年の「国民生活基礎調査」では、おひとり様、おふたり様の世帯は合わせて61.1％になっています。

　このことからも、急速におひとり様、おふたり様が増えていることが分かるかと思います。この33年間で、子と同居する高齢者の世帯数を逆転してしまっているのです。

　急速に高齢者の暮らし方が変化したことにより、高齢者の死に対する考え方も変わってきました。

　その最たる例が「終活」かと思います。

　「終活」という言葉は、平成21年頃に生まれ、平成24年には新語・

流行語大賞でトップテンに選出されました。

　それまで高齢者にとって死は避けるべき話題でしたが、残された人に迷惑をかけたくない、自分らしいエンディングを迎えたいという思いから、「終活」という言葉が市民権を得て、「エンディングノート」を作成するなど死の準備をする人が増えてきています。

　私は、平成19年に弁護士になりました。弁護士になった当初、高齢者の生前意思をどのように実現するかという問題意識を持っており、自分らしいエンディングを実現するための死後事務委任契約を啓蒙するような活動をしていました（「死後事務委任契約を利用した新生前契約システム」月刊フューネラルビジネス2008年8月号260頁）。

　その頃、日本初の遺品整理専門会社であるキーパーズの吉田太一さんと知り合いになったことをきっかけとして、独居の高齢者が漠然とした不安の中で生活しているということを知りました。

　吉田太一さんは、遺品整理会社の代表として孤独死した居室の特殊清掃など孤独死現場の最前線で働いており、その著書『孤立死　あなたは大丈夫ですか？』（扶桑社，2014）の冒頭に掲載されている漫画は、孤立死に至る経緯、孤立死した後の出来事を分かりやすく書いてあります。

　平成20年当時、吉田さんのもとには全国の独居高齢者から自分が死んだ後のことに関する相談がきていました。その中には弁護士に相談をしたいという方もおり、弁護士として駆け出しだった私は、吉田さんと一緒に一人暮らしの高齢者のお宅に伺い無料で相談に乗るという活動を始めました。

　最初は弁護士に相談を希望しているのだから遺言などの相談がされるのではないかと考えていたのですが、一人暮らしの高齢者の方たちが真っ先に相談してくるのは、自分が死んだら後（遺体やお骨）はどうなってしまうのか、誰が死体を発見してくれるのだろうかということでした。

　前向きに自分らしいエンディングを迎えたい人が多いだろうと考えていた私にとって、そのような相談をされるということはとても衝撃的でした。

　不安を抱えていては自分らしいエンディングをどうしようかという気持ちになれるはずがありません。まずは抱えている不安を取り除く必要

があります。

　しかし、その不安の多くは法律問題ではなく弁護士だけで取り除くことはできません。そのため、一人暮らしの高齢者の不安を取り除くには、弁護士だけでなく他士業の先生方や宗教者、葬儀社、遺品整理業者、保険会社やFPなど多くの方と一緒に協力をすることが不可欠だということを知りました、

　以来、高齢者問題に関わる方々と協力をして対応をするという活動をしてきました。

　平成21年には「終活」という言葉が生まれ世間に終活の必要性が知られるようになり、終活ブームともいわれる流れの中で、私も弁護士の中でもおひとり様の問題を比較的多く取り扱う「終活」弁護士として認知されるようになりました。

　それ以降、家族葬を中心に扱う葬儀社、遺品整理会社、機械搬送式納骨堂、散骨事業者、葬儀用保険会社など多くの終活関連事業者の法律顧問を務め、孤独死をめぐる実務に関わらせていただきました。また、私自身も高齢者が孤独死（自死も含みます。）した現場（遺体は取り除かれています。）に実際に趣きました。孤独死した直後の葬儀の手配、その後の財産の整理、時には遺族がいない方に代わって遺体引取りの手配をして火葬や遺品整理に立ち合ったり、遺族に代わって海洋散骨をしたりもしました。

　そして、この度、日本加除出版からお声がけいただき、孤独死の実務について書籍を出版する機会を頂戴できたことは望外な喜びです。

4　本書の趣旨

　「孤独死」は、相続だけでなく、葬儀や遺品、墓など様々な問題に関連してきます。

　孤独死は社会情勢の変化によって急速に増えてきている現象であり、法などで想定されておらず、新たな法律問題になっていたり法律で解決できないことも多い分野です。

　遺体を引き取る義務があるか、遺体を引き取ったとして葬儀はどうなるか、費用をかけずに遺骨を供養するにはどのようにすればよいか、お墓はどうすればよいのか、必ずしも判例、裁判例があるような分野ばか

りではなく、事実上の取扱いも多いのが現状です。

　法的な見解が固まっていないものであっても、孤独死に関わる方の参考になればと、私見や私が実際に取り扱ったケースの紹介などもしています。

　また、孤独死に関わるのは法律家以外の方もいます。

　行政担当者や葬儀社、遺品整理業者、家を貸している大家さんなど孤独死に関わる可能性がある方が自分に必要な部分だけつまみ読みしやすいようにＱ＆Ａ形式にしました。一つでも二つでも、本書の内容が読者の方の参考になれば幸いです。

　　2022 年 1 月

武内　優宏

目　次

第 *1* 章　孤独死の遺族に生じがちな 相続、遺産分割に関する問題

一人暮らしをしていたおじが亡くなり、私が相続人になります。
　相続人調査の結果、私以外にも相続人がいることが分かりましたが、
住所を調べても行方が分かりません。相続人の一部が行方不明の場合、
どうすればよいですか。

　おじ X が亡くなり、甥である Y が相続人調査をしました。戸籍調査
によるとおじには兄 A がいることになっているのですが、A の存在な
ど聞いたことがなく、A の戸籍上の年齢は 122 歳なので、おそらく既に
亡くなっているのに死亡届が出ていないのだと思います。
　X には他に相続人はなく、A にも相続人になるような親族は Y 以外に
いません。
　このように相続人の一部が既に亡くなっているはずなのに戸籍上は亡
くなったことになっていない場合、どのような手続をすればよいでしょ
うか。

一人暮らしをしていたおじが亡くなり、私が相続人になります。
　相続人調査の結果、私以外にも相続人がいることが分かりましたが、
その相続人が認知症であることが判明しました。相続人の一部が認知症
になっていた場合、遺産分割はどのようにすればよいですか。

　一人暮らしをしていたいとこが孤独死をしました。いとこには相続人
がいないのですが、いとこと私は生前仲がよかったので、もしかしたら
遺言を書いているかもしれません。
　亡くなった人が、公正証書遺言を作っていたかを調べる方法があれば
教えてください。

　一人暮らしをしていたいとこが孤独死をしました。いとこには相続人
がいないのですが、いとこと私は生前仲がよかったので、もしかしたら
遺言を書いているかもしれません。
　公正証書遺言はなかったのですが、生前にいとこは自筆証書遺言書を
法務局に預けるという制度が始まったということを話しており、その制
度を利用しているかもしれません。
　自筆証書遺言書が法務局に預けられているか調査する方法を教えてく
ださい。

おじが亡くなり、私が相続人になるようです。遺産や債務の有無を調査していますが、生前、ほとんど交流をしていなかったので、財産の目星がつけづらく、相続財産の調査に3か月以上かかってしまいそうです。

相続放棄の期間を延長できるようなのですが、どのようにすればよいのでしょうか。

おじが亡くなった後3か月経過してから、おじに多額の借金があったことが分かりました。借金を相続したくないのですがどうすればよいですか。

おじが亡くなり、私が相続人になります。

おじには相続財産があることは分かっているのですが、生前にあまり交流をしていなかったので、もしかしたら負債があるのではないかと思い、相続をしてしまってよいものか悩んでいます。

相続財産の限度で債務を相続する限定承認という制度があるのをインターネットで知ったのですが、限定承認をしてよいものか注意点を教えてください。

遠縁の親族が自宅で孤独死をしたらしく、警察から私に連絡がありました。

相続人が誰もいないのですが、故人は賃貸アパートを所有しており、そのままにするわけにもいかずに困っています。相続人が誰もいない場合、相続財産はどうなってしまうのでしょうか。

兄弟同然の付き合いをしていたいとこが孤独死したらしく警察から連絡がありました。相続人は誰もおらず葬儀なども私が行ったのですが、相続人が誰もいない場合、相続財産は国庫に帰属してしまうと聞きました。いとこには結構な財産があるのに国庫に帰属してしまうのはもったいないと思いますので、私が特別縁故者として財産分与を受けようと思います。

いとこでも特別縁故者として認められるものでしょうか。また特別縁故者として財産分与を受けるにはどのようにすればよいのでしょうか。

第 *2* 章　　**孤独死をめぐる諸問題**

高齢の兄が自宅で亡くなり、遺体が警察に安置されています。
　警察から遺体を引き取るように連絡がきて警察に行ったところ、霊安室からは後 4 時間以内に遺体を搬送してほしいと言われました。
　突然のことですので、遺体搬送をする方法も遺体搬送をする先もありません。
　霊安室にはどの程度いられるのでしょうか。また、遺体搬送や遺体保管に当たって気を付けることはありますでしょうか。

兄は離婚をしていますが、子どもとは交流をしていました。先日、兄が急死したのですが、兄の子は海外赴任しており、私に連絡がきました。
　兄の子に死亡を伝えたのですが、帰国までに数日、時間がかかってしまうようです。
　葬儀は兄の子が帰国してから行いたいのですが、夏なので、その間に遺体が腐敗してしまわないか心配です。

不動産管理会社を営んでいますが、当社で賃貸しているマンションで一人暮らししていた方が自宅で亡くなりました。
　故人と生前に付き合いがあったという弁護士から、遺族と連絡がつかないので管理会社として死亡届に捺印してほしいと言われたのですが、管理会社が死亡届に捺印できるものなのでしょうか。

身寄りのない親族が亡くなり、警察から遺体を引き取るように連絡がありました。
　遺体の引取りを拒否できるとは知らずに遺体を引き取ったのですが、生前全く交流がなかったのに、親族という理由だけで葬儀費用をかけて葬儀をするのも納得がいきません。
　遺体を引き取った以上は葬儀をしないといけないのでしょうか。

一人暮らしをしていた高齢者が亡くなり、遺体を警察が引き取りました。どうやら偽名を使って生活していたらしく、故人の身元が分かりません。
　身元が分からない場合、葬儀はどのようになるのでしょうか。

第3章 孤独死の防止や孤独死に備えた終活の準備

Column

第 1 章

孤独死の遺族に生じがちな 相続、遺産分割に関する問題

Q1

相続に関する基礎知識①　相続人の範囲について

　身寄りがなく連絡を取っていなかったおじが亡くなった
らしく、警察から連絡がありました。私が相続人になるの
でしょうか。
　このような場合、誰が法定相続人になるのか、また、各相
続人の法定相続分はどのくらいになるのかを教えてください。

　まず相続人の範囲ですが、配偶者は必ず相続人になりま
す。そして、配偶者以外の親族には順位が付けられてお
り、第1順位が「子」及びその代襲相続人、第2順位が
「直系尊属」、第3順位が兄弟姉妹及びその代襲相続人とな
ります。
　亡くなったおじに第1順位、第2順位の相続人がおら
ず、おじの兄弟姉妹、つまり相談者の親も亡くなっている
場合には、その遺産を甥・姪が相続するということはあり
ます。

解　説

1　相続人の範囲

　亡くなった人のことを「被相続人」といい、亡くなった人の財産を引
き継ぐ人を「相続人」といいます。
　また、ある人が亡くなったときに、法律で財産を引き継ぐ権利が認め
られた人を「法定相続人」といいます。
　民法は、法定相続人について、血族相続人と配偶者相続人の2種類を
設けています。
　血族相続人については第1順位が「子」及びその代襲相続人（民法
887条）、第2順位が「直系尊属」（民法889条1項1号）、第3順位が兄
弟姉妹及びその代襲相続人（民法889条1項2号）としています。この

ように血族相続人については順位が付けられており、先順位の相続人がいない場合に次順位の者が相続人になります。

　これに対して、配偶者（夫又は妻）は常に相続人となります（民法 890 条）。

2　配偶者

　相続人となる配偶者は、法律上有効な婚姻、すなわち民法 739 条の婚姻届出をした配偶者を意味します。

　相続人になるには日本国籍を有している必要はないので、配偶者が外国籍であっても法律上有効な婚姻をしていれば相続人になります。

　批判が多いところではありますが、現在のところ配偶者は民法 739 条の婚姻届出をした配偶者に限られているので、内縁の配偶者には相続権が認められていません（仙台家審昭和 30 年 5 月 18 日家月 7 巻 7 号 41 頁）。

　配偶者が常に相続人になる根拠の一つとして、配偶者が生前被相続人の財産形成に寄与をしているということが挙げられることが多いですが、配偶者が相続人になるには配偶者でさえあればよく、同居の有無や生前の被相続人との関与の度合いは関係がありません。

　孤独死の場合、配偶者がいないかというとそうではありません。例えば、妻はいて法律上は離婚していなくても、ずっと別居しておりもう 40 年以上会っていないというようなケースもあります。このような場合、夫の財産形成に一切寄与していないといえますが、法律上の婚姻が継続している限り妻は相続人になります。

　また、離婚調停中であっても、離婚成立前に相続が発生すれば配偶者は相続人になります。

3　第 1 順位の相続人は子

　子（及びその代襲相続人）は第 1 順位の相続人となります（民法 887 条）。

　子が数人いるときは、同順位で相続することになります。長男が優先ということはありません。

　子が先に亡くなっていた場合、孫（直系卑属）がいれば、孫が相続人になります。子も孫も亡くなっている場合に、ひ孫がいれば、ひ孫が相続人になります。これを「代襲相続」といいます。

第1章

子であればよく、男女の別、戸籍を同一とするか、実子・養子の別、嫡出子か嫡出でない子かなどは、相続人となるかどうかに影響はありません。

自分の戸籍に入っていないのだから相続人にはならないと勘違いする方もいるのですが、離婚した前の配偶者との子で、子が前の配偶者の戸籍に入っているときでもその子は法定相続人になります。戸籍が一緒かは、相続とは無関係です。

他方、再婚した相手の連れ子は、法律上は子ではありません。長期間一緒に住んでいたとしても法定相続人にはなりません。再婚相手の連れ子と養子縁組をしていた場合は、養子として法定相続人になります。

孤独死をするような人だと子がいないのではないかと思われるかもしれませんが、実はいたというケースもあります。比較的多いのは、若い頃に結婚してすぐに離婚しており、子がいるが何十年と会っていないし、連絡先も知らないというケースです。周りの人も誰も故人に子がいたことを知らず、戸籍調査で初めて判明したということもあります。

相続人になるかどうかには戸籍が同一か実際に交流があるかは関係がありませんので、仮に一度も会ったことがなくても、子は相続人になります。

4　第2順位の相続人は親

第2順位の相続人は、直系尊属となります（民法889条1項1号）。

直系尊属が相続人になるのは第1順位の相続人である子及びその代襲相続人（孫など）がいない場合（相続放棄や欠格の場合を含みます。）です。

まれに、「（被相続人の）親なのだから自分も相続できるはずだ」という相談者もいますが、親に相続権が認められるのは、被相続人に子（直系卑属）がいない場合だけです。

直系尊属の中では親等が近い者が優先になります（民法889条1項、889条1項1号ただし書）。父母のどちらかがいる場合には祖父母は相続人となりません。

親であれば実親か養親かの区別はありませんが、直系尊属は親族に限られるので、姻族、俗にいう義理の父母は含みません。

直系尊属に代襲相続はないので、両親のうち父が死亡していれば、母

のみが相続人となり父方の祖父母は相続人にはなりません。

5 第3順位の相続人は兄弟姉妹

第1順位の相続人である子及びその代襲相続人も第2順位の直系尊属もいない場合（相続放棄や欠格の場合を含みます。）、兄弟姉妹が相続人になります（民法889条1項2号）。

兄弟姉妹が数人あるときは全て同順位となります。

兄弟姉妹には父母の一方を同じくする兄弟姉妹（いわゆる半血の兄弟姉妹）も含みますし、養父母を同じくする兄弟姉妹も含みます。

兄弟姉妹が先に亡くなっている場合には、その子である甥・姪が代襲相続人になります。

兄弟姉妹の場合、代襲相続は甥・姪で終わります。

甥・姪もいなければ法定相続人がいないことになります。

6 相続人がいない場合

これまで解説したとおり、法定相続人は、血族相続人と配偶者相続人の2種類であり、血族相続人は第1順位が子及びその代襲相続人、第2順位が直系尊属、第3順位が兄弟姉妹（及び代襲相続人として甥・姪）であり、それ以外の親族は法定相続人にはなりません。

どれだけ仲がよくても、いとこは法定相続人になれません。

相続人がいない場合、相続財産は国庫に帰属します（民法959条）。

ただ、(1)被相続人と生計を同じくしていた者、(2)被相続人の療養看護に努めた者、(3)(1)ないし(2)に準じて「特別の縁故があった」人などは、特別縁故者として、その申立てにより一定程度遺産が分与される可能性があります（民法958条の3）。

相続人の不存在については、後記Q18を、特別縁故者による財産分与の申立てについてはQ19をご参照ください。

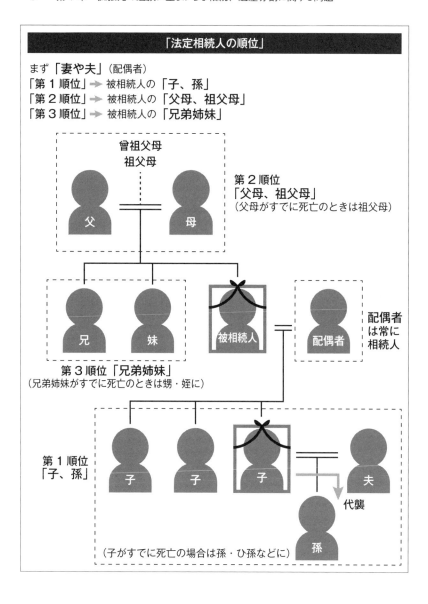

「法定相続人の順位」

まず「妻や夫」（配偶者）
「第1順位」➡ 被相続人の「子、孫」
「第2順位」➡ 被相続人の「父母、祖父母」
「第3順位」➡ 被相続人の「兄弟姉妹」

曾祖父母
祖父母

父　　母

第2順位
「父母、祖父母」
（父母がすでに死亡のときは祖父母）

兄　　妹

被相続人

配偶者

配偶者
は常に
相続人

第3順位「兄弟姉妹」
（兄弟姉妹がすでに死亡のときは甥・姪に）

第1順位
「子、孫」

子　　子　　子　　夫

代襲

孫

（子がすでに死亡の場合は孫・ひ孫などに）

Column

相続人がいっぱい

　法定相続人は甥・姪までなのでせいぜい 10 人くらいで収まります。しかし、実務上は、相続人がいっぱいに膨れ上がるということがままあります。

　被相続人の遺産相続が開始した後、「遺産分割協議」や「相続登記」を行わないうちに相続人の一人が死亡してしまい、次の遺産相続が開始されてしまったような数次相続の場合は、相続人の範囲が拡がります。

　典型的なケースは、下記の図のように子がいない夫婦の夫が亡くなり、遺産分割協議をする前に妻が亡くなったような場合です。

　このような場合、夫の相続人となる夫の兄弟や甥・姪と妻の相続人となる妻の兄弟や甥・姪が遺産分割協議をしなければいけないということもあります。全く知らない、顔を合わせたことのない人同士で遺産分割協議をしなければならなくなります。

　私が扱った相続案件で最も相続人が多かった事例では、相続人が 60 人近くいました。不動産登記に相続登記がされないまま、何回も相続が繰り返された結果、相続人の人数が膨れ上がってしまったという案件です。登記名義人は江戸時代に生まれた方でした。

　なお、今後は、法改正により相続登記が義務化されるため（改正後不動産登記法 76 条の 2 第 1 項）、登記名義がそのままという事態は減ってくるかと思われます。

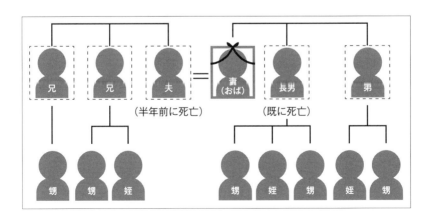

第1章

Q2

相続に関する基礎知識②　法定相続分について

おじが孤独死しました。おじとは数年に1回くらいは会っていました。

おじには、離婚はしていないもののずっと会っていない妻がいますが、遺体の確認にも来ず、葬式にも来ませんでした。

このような場合もおじの妻は相続人になるのでしょうか。また、おばの相続分や私の相続分はどのくらいになるのでしょうか。私の方がまだ会っていたのに、全く会っていないおばの方が多く相続するのは、納得がいきません。

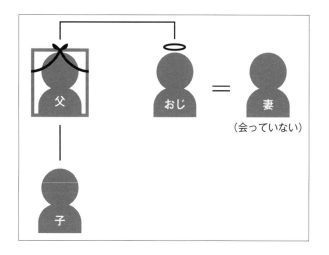

　Q1のとおり、配偶者であれば相続人となるので、長期間会っていない妻も相続人となります。

法定相続人ごとの法定相続分は解説の図を参照ください。

遺言などがない限り、長期間会っていないなどの事情によって法定相続分は変更されません。

そのため、本事例の場合、配偶者の相続分が4分の3、相談者（甥）の相続分が4分の1になります。

第1章

解 説

1 配偶者がいない場合の法定相続分

配偶者相続人がいない場合、同一順位の血族相続人が等分に相続します。

例えば、配偶者が亡くなっていて子が3人いれば、各人3分の1ずつです。

子が亡くなっていたら、その人の子、つまり孫が代襲相続します。孫は子の相続分を孫の人数で割ったのが1人分です。ある兄弟には子（被相続人から見て孫）がたくさんいるからといって、法定相続分が増えるということはありません。

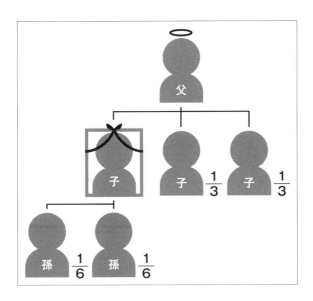

2 配偶者がいる場合の法定相続分

配偶者相続人がいる場合、配偶者以外の相続人が誰かによって、相続分は変わります。

①配偶者と子が相続人の場合

　配偶者が2分の1を相続し、残りの2分の1を子が等分します（民法900条1号）。

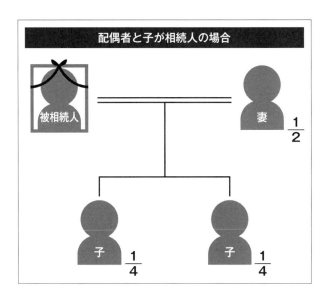

②配偶者と親が相続人の場合

　　配偶者は3分の2を相続し、残りの3分の1を父母で等分します（民法900条2号）。

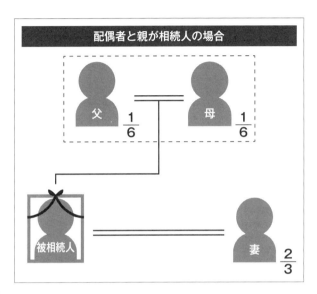

③配偶者と兄弟姉妹が相続人の場合

　　配偶者は4分の3を相続し、残りの4分の1を兄弟姉妹で相続します（民法900条3号）。

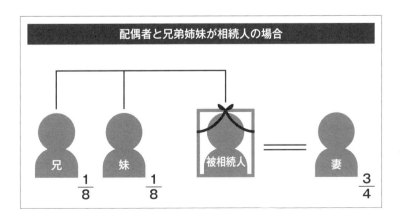

3　生前の事情によって法定相続分は変更されない

　生前の付き合いの濃淡によって法定相続分が変更されることはありません。

　本事例でいえば、数十年会っていなくても妻は妻なので法定相続分は4分の3です。

　たとえ、甥が故人と頻繁に会っていたとしても法定相続分は変わりません。

　付き合いの濃淡によって相続分を変更させたい場合には、故人が遺言を書いておく（故人に遺言を書いておいてもらう）必要があります。遺言については、後記Q43、44をご参照ください。

　なお、生前の付き合いの濃淡では法定相続分は変更されませんが、生前の付き合いにより、故人の財産に変動があり、その結果不平等な相続になってしまう場合には、その不公平を調整するための制度があります。

　一つ目は、特別受益という制度です。これは、「被相続人から、遺贈を受け、又は婚姻若しくは養子縁組のため若しくは生計の資本として贈与を受けた者」（特別受益者）がいる場合、遺産に特別受益の価額を加えたものを相続財産とみなし、特別受益者の相続分を特別受益の価額に応じて修正するという制度です（民法903条1項）。

　二つ目は寄与分という制度です。これは、「共同相続人中に、被相続人の事業に関する労務の提供又は財産上の給付、被相続人の療養看護その他の方法により被相続人の財産の維持又は増加について特別の寄与をした者」（特別寄与者）がいる場合、遺産から特別寄与者の寄与分を控除したものを相続財産とみなし、特別寄与者の相続分を寄与分の額に応じて修正をするという制度です（民法904条の2第1項）。

　ただし、特別受益も寄与分も、特別なものである必要があるので、過度な期待は厳禁です。

第1章

Column

特別寄与料

　令和元年7月1日以降に開始した相続では、相続人でない親族であっても、被相続人の財産の維持又は増加について特別の寄与をした者は、相続人に対して寄与に応じた額の金銭（特別寄与料）を請求することができるようになりました（民法1050条1項）。

　これにより、例えば孤独死した方に永らく会っていない子がいた場合であっても、他の親族がその方を看護していたことによって財産の維持が図られたような場合には、その親族は特別寄与料の請求ができるようになりました。

　相続人と特別寄与料を請求する親族との間で特別寄与についての協議が調わない場合、家庭裁判所に特別の寄与に関する調停を申し立てることになります（民法1050条2項本文）。なお、この申立ては、特別寄与料を請求する親族が相続の開始及び相続人を知った時から6か月または相続開始の時から1年が経過するまでに行う必要があります（民法1050条2項ただし書）。

Q3

相続人の調査①　相続人による戸籍の調査

> 子のいないおじ夫婦が相次いで亡くなりました。
> 私はおじの相続人になるようなのですが、何の付き合いもなかったのでおば側の相続人が誰かが全く見当もつきません。
> 相続人が誰か調べるにはどのようにすればよいですか。

 故人の戸籍を遡り、相続人を調査することになります。

解　説

1　相続人の範囲

　　Q2で解説したとおり、法定相続人の範囲は、配偶者、子（直系卑属）、親（直系尊属）、兄弟姉妹、甥・姪までとなっています。

　　そして、配偶者は必ず相続人になり、子、親、兄弟姉妹は順位が付けられています。

　　このことから、故人の戸籍をたどり、配偶者がいるか、子がいる（いた）か、親が存命か、兄弟姉妹や甥・姪がいるか、という点について調査をしていくことになります。

⑴故人の出生から死亡までの連続した戸籍謄本を取得する

　　故人の本籍地の役場において、故人の出生から死亡までの連続した戸籍謄本を取得します。

　　本籍地が分からない場合には、住民票の除票を本籍地の記載ありで取得すると本籍地が判明します。

　　故人の戸籍謄本を取得すると、故人に存命の配偶者がいるか子がいる（いた）かどうかが分かります。

　　配偶者がいる場合、配偶者が相続人になります。

⑵故人に子がいる（いた）場合

　　故人に子がいた場合、子が存命であることを確認できる戸籍謄本を取

得します。

　子が存命であれば、子が相続人になります。

　また、子が亡くなっている場合、出生から死亡までの連続した戸籍謄本を取得して、孫がいれば孫が存命であることのわかる戸籍謄本を取得します。

　子や孫などの直系卑属が存命していない場合、第1順位の相続人はいないことになります。

(3)故人に子がいない場合

　故人に子がいない場合、故人の父母や祖父母の戸籍を遡って調査します。

　故人の父母や、祖父母が存命であれば父母や祖父母が相続人になります。父母については代襲相続はありません。

　故人の父母や祖父母が亡くなっている場合、兄弟姉妹や甥・姪の有無を調査することになります。

　故人の両親の出生から死亡までの連続した戸籍謄本を取り寄せ、兄弟姉妹の有無を調査します。兄弟姉妹がいる場合は、兄弟姉妹が存命であることが分かる戸籍謄本を取得します。

　もし、兄弟姉妹が死亡している場合、出生から死亡までの連続した戸籍謄本を取得して子（故人にとっては甥・姪）がいるかを調べます。兄弟姉妹が死亡しても甥・姪がいる場合、甥・姪が存命であることが分かる戸籍謄本を取得します。

　これで相続人の調査は終了です。

2　具体的な戸籍の取得方法
(1)戸籍謄本等を取得することができる人

　戸籍は個人情報の塊であり、戸籍を取得することができる人の範囲には制限があります。本人、本人と同一戸籍、直系尊属（父母や祖父母）、直系卑属（子や孫）についての戸籍は特に制限なく取得することが可能です（戸籍法10条1項）。

　本人、本人と同一戸籍、直系尊属、直系卑属以外の戸籍を取得する場合には、戸籍を取得する必要性を説明する必要があります。

　例えば、兄弟姉妹やおじ、おばが亡くなり相続人を調査する必要がある場合、自己が相続人であることを示すために、その人との関係が分かる書類（その人とのつながりが分かる戸籍など）の書類の提出が求められ

ることがあります。

　本事例のようにおじの配偶者の相続人の調査や、数次相続などにより遠縁である場合、相続に必要ではあるので、自身が相続人であることを示して戸籍を請求することはできるのですが、縁が遠すぎて役所で断られてしまったと、相談に来られることもあります。

　第三者が亡くなった方の相続人を調査するために戸籍を取得する場合についてはQ4で解説しています。

(2)戸籍の取得方法

　戸籍は、本籍地の役場で取得します。

　本籍地が転籍や婚姻などを理由に変更されている場合、従前の本籍地での戸籍は、従前の本籍地の役場で取得する必要があります。

ア　窓口での取得

　戸籍は、窓口で請求することができます。故人の本籍地が請求者の近くの自治体であれば窓口に行くのが便利です。

　窓口において相続人調査である旨を伝えれば、必要な戸籍のうち、その役所にある分は全て出してもらえます。

　窓口で請求する場合、本人確認書類（運転免許証やマイナンバーカードなど）が必要ですので持参してください。

イ　郵送での取得

　戸籍を請求したい自治体が遠いなどの場合には、郵送で戸籍を取得することができます。

　戸籍の取り寄せに必要な請求書は各自治体のホームページなどで取得可能です。

　手数料は、一通につき戸籍謄本が450円、除籍謄本が750円です。

　手数料は定額小為替という方法で支払うことが多いですが、普通為替、現金書留での支払ができる自治体もあります。なお、定額小為替は郵便局で購入できます。

　本人等以外の戸籍を取得する場合、事前に当該自治体に連絡をし、自身が戸籍を取得できる事由に該当することを示すためにどのような書類を添付すればよいか確認をしておいた方がよいでしょう。

　ある役所に申請をしても故人の戸籍がどのくらいの種類があるのかは事前に分かりません。

　そのような場合、請求書に「○○（亡くなられた方）について、出生（又は婚姻）から死亡までの連続した戸籍を全て各△通ずつ必要」などと記入すると必要な戸籍を送ってもらえます。

　また、戸籍取得のための手数料についても、ある程度まとまった定額小為替を入れておくと精算をして戻してもらえます。

　自治体によっては、事前に金額や定額小為替の内訳を指定されたりもしますので、先に自治体に問合せをして、相続人の調査であることについてどのような文言で記載すればよいか、また定額小為替をいくら入れて送ればよいか確認をしておくとよいでしょう。

3　戸籍の遡り方

①故人の本籍地で戸籍を取得する

　まず故人の本籍地で故人の戸籍を取得します。

　本籍地が分からない場合には、住民票の除票を本籍地の記載ありで取得すると本籍地が判明します。

　戸籍を請求する場合、相続人調査であることを示して対象者にかかる連続した戸籍を請求すれば、その役所にある故人の連続した戸籍全てを取得できます。

　戸籍が届いたら、対象者の入籍日と従前本籍地を確認します。

　従前本籍地は、コンピュータ化された戸籍の場合、身分事項欄の【従前戸籍】という欄に記載があります。

　コンピュータ化される前の戸籍の場合、戸籍事項欄の「転籍届出」という記載や身分事項欄の「××から入籍」などの記載から確認をします。

　なお、戸籍事項欄に戸籍改製との記載がある場合、同一本籍地に改製原戸籍があるので、もし手元になければ改製前原戸籍も取得する必要があります。

②従前の本籍地に従前戸籍を請求する

　従前本籍地がある場合、従前本籍地に従前戸籍を請求します。

　従前本籍地の地方自治体が合併などにより消滅している場合、インターネットなどで当該自治体を検索し、現在はどの自治体となっているかを調査する必要があります。

　従前戸籍が届いたら除籍日と次の戸籍の入籍日が一致しているか確

認します。

　除籍日は、対象者の身分事項欄に記載されています。

③戸籍の遡りの終了

　従前戸籍がなくなり、出生による入籍までたどれば戸籍の調査は終了になります。

　それ以上戸籍が遡れないかは、

　　・戸籍が編製された日が対象者の出生による入籍日よりも前

　　・戸籍が編製された日と対象者の出生による入籍日が同じ

になっているかにより判断します。

　なお、昭和22年に家・戸主制度が廃止される前の戸籍は、現在の戸籍とは記載事項が異なるので注意が必要です。

4　戸籍に入らない相続人について

　父親が婚外子を認知した場合や配偶者がいる者を養子にした場合など、同一戸籍に入らない相続人もいるので、注意が必要です。

〈父親が認知した場合の記載例〉

（縦書きの場合）

令和○年○月○日東京都千代田区霞が関三丁目六番地支援○○同籍一郎を認知届出

（横書きの場合）

認　　知	【認知日】令和○年○月○日
	【認知した子の氏名】支援一郎
	【認知した子の戸籍】東京都千代田区霞が関三丁目6番地　支援○○

〈養子に配偶者がいる場合の養子縁組の記載例〉

（縦書きの場合）

令和○年○月○日妻とともに東京都千代田区霞が関三丁目六番地（新本籍東京都港区虎ノ門一丁目九番地）支援一郎同人妻花子を養子とする縁組届出

（横書きの場合）

養子縁組	【縁組日】令和○年○月○日
	【共同縁組者】妻
	【養子氏名】支援一郎
	【養子氏名】支援花子
	【養子の従前戸籍】東京都千代田区霞が関三丁目6番地　支援一郎
	【養子の新本籍】東京都港区虎ノ門一丁目9番地

5　法定相続情報証明の取得

　戸籍調査により相続人が判明した場合、相続手続に使用するのであれば、法定相続情報証明を取得しておくと便利です。

　相続手続では、故人の戸除籍謄本等の束を、相続手続を取り扱う各種窓口に何度も提出する必要があります。

　しかし、法定相続情報証明を利用すれば、その後は法定相続情報一覧図の写しを提出することで戸除籍謄本等の束を何度も提出する必要がなくなります。

　法務局に相続人の確定に必要な戸除籍謄本等を全て提出し、併せて相続関係を一覧に表した図（法定相続情報一覧図）を出すと、登記官がその一覧図に認証文を付した写しを無料で交付してくれます。

　なお、法定相続情報証明の請求ができる法務局は、以下の住所地を管轄する法務局から選ぶことができます。

　①被相続人の本籍地（死亡時の本籍を指します。）

　②被相続人の最後の住所地

　③申出人の住所地

　④被相続人名義の不動産の所在地

〈法定相続情報一覧図例〉

法定相続情報番号　0000-00-00000

被相続人　支援一郎　法定相続情報　（見本）

最後の住所　東京都港区虎ノ門一丁目×番×号
出生　　　　大正13年1月14日
死亡　　　　令和4年2月8日
（被相続人）
支 援 一 郎

（父）

（母）

出生　　昭和24年2月21日
（姪）
山 田 有 子（申出人）

（被代襲者）

出生　　昭和28年5月20日
（甥）
高 橋 初 男

作成日：令和5年9月19日
作成者：弁護士　○○　○○
（事務所：東京都千代田区霞が関○-○-○
　　　　　○○○○○○○2階）

これは、令和5年　9月　21日に申出があった当局保管に係る法定相続情報一覧図の写しである。

令和　5年　9月　21日
△△法務局

登記官　　　佐 藤 × 男　　　　印

注）本書面は、提出された戸籍謄本等の記載に基づくものである。相続放棄に関しては、本書面に記載され
　ない。また、相続手続以外に利用することはできない。

整理番号　×××××

〈参考文献〉 BOOK

戸籍調査の仕方について以下の書籍が参考になります。
・清水潔『戸籍を読み解いて家系図をつくろう』（日本法令、2009）
・菱田泰典『相続人確定のための戸籍の見方・揃え方』（近代セールス社、2011）

Q4

相続人の調査② 第三者による戸籍の調査

賃貸アパートを高齢者に貸していたのですが、入居者が部屋で孤独死してしまいました。

相続人に死亡後の賃料や原状回復を請求したいのですが、亡くなった人の相続人が誰か分かりません。

親族でない第三者が契約の相手方の相続人を調査することもできるのでしょうか。

第三者が戸籍を取得して相続人の調査をすることはできますが、戸籍を取得する必要があるということを説明する必要があります。

【 解　説 】

1 第三者による戸籍の取得

Q3のとおり、戸籍は個人情報の塊ですので、戸籍を取得することができる場合は制限されています。

本事例のように、孤独死した方が入居していた住居の賃貸人など、相続人以外が故人の相続人を調査する必要がある場合があります。

戸籍を取得できるのは以下の場合に限定されます（戸籍法10条の2第1項1号〜3号）。

・自己の権利を行使し、又は自己の義務を履行するために必要がある場合

・国又は地方公共団体の機関に提出する必要がある場合

・戸籍の記載事項を利用する正当な理由がある場合

戸籍を請求しようとする者は、自身が上記の事由に該当することを資料の提出などにより明らかにする必要があります。

本事例のように孤独死した方が入居していた住居の賃貸人であれば、賃料請求権や原状回復請求権という賃貸人の権利行使のために必要があ

るといえます。

　例えばですが、故人との間の賃貸借契約書を添付した上で、賃借人が死亡したので賃料や原状回復を相続人に請求する必要があるなどと記載して、自己の権利を行使するために必要であることを示して戸籍を請求することになります。

2　相続人の住所調査

　相続人が判明したら、次は相続人に連絡を取るために住所を調査することになります。

　相続人の住所を調べるには、戸籍の附票を取り寄せます。

　戸籍の附票とは、住民基本台帳法に基づき市町村と特別区で作成される該当市区町村に本籍がある者の住所履歴に関する記録をいいます（住民基本台帳法16条1項）。

　戸籍の附票を取ると、対象者の住所履歴が分かります。

　まれに戸籍の附票に住所地が記載されていなかったり、戸籍の附票が取れなかったりするケースもあります。

　その場合、住所を調べるのは難しいということになってしまいます。

　また、住民登録をしている住所が判明しても、実際にはその場所に住んでいないという方もいます。

　そのような場合、現地調査をし、近隣の方に事情を聞いてみたりすることもありますが、住民登録をしている住所に住んでおらず、郵便物を送っても届かないという場合には、実際に居住している住所を調べるのは難しいのが実情です。

　住所調査をしても相続人の調査ができず、相続人が生死不明、行方不明という場合には、不在者財産管理人（Q5）、失踪宣告（Q6）などを検討することになります。

3　専門家への依頼

　戸籍を遡り相続人を調査する場合、自分で戸籍を調査してみても、身分関係が複雑であったりして相続人の範囲が確認できなかったり、大量の戸籍を調査する必要があり手間がかかったりすることがあります。

　また、本書7頁のコラムのように子のいないおば夫婦が順次亡くなり

相続手続未了のような場合には、おばの配偶者の甥が遺産分割の相手方となり、縁が遠すぎて自治体から戸籍の取得を拒否されてしまうケースもあります。

　そのような場合、弁護士、司法書士、行政書士、税理士などの専門家に相続人の調査を依頼することも可能です。

　それらの専門家は、業務上必要がある場合には戸籍謄本を取得することが認められています（職務上請求、戸籍法10条の2第3項）。

第1章

Q5

相続人が行方不明の場合　不在者財産管理人

　一人暮らしをしていたおじが亡くなり、私が相続人になります。

　相続人調査の結果、私以外にも相続人がいることが分かりましたが、住所を調べても行方が分かりません。相続人の一部が行方不明の場合、どうすればよいですか。

　生死不明で7年間経過している場合には、家庭裁判所に失踪宣告を申し立てます。特定の外国に住んでいるらしいが住所が分からないという場合には、当該国の総領事館に所在確認をしてみます。それ以外の場合には、不在者財産管理人の選任申立てを行い、不在者財産管理人が行方不明の相続人の代理人となって遺産分割手続を進めていきます。

解　説

1　遺産分割協議は全ての相続人が参加する必要がある

　遺産分割協議は一部の相続人だけで行うことはできず、相続人全員で行う必要があります。

　相続人が行方不明の場合、相続人を探し出す、行方不明の相続人を死亡したことにして相続手続から除外する、行方不明の相続人の代理人を立ててその者と遺産分割協議をするなどの方法をとる必要があります。

2　孤独死の方の相続の特徴

　配偶者や子がいる方の孤独死もありますが、やはり多いのは配偶者も子も親もいないという方かと思います。

　そのような場合、兄弟姉妹がいれば兄弟姉妹が相続人になります。高齢な故人の兄弟姉妹が相続人になる場合、兄弟姉妹も高齢です。兄弟姉妹が高齢だと認知症を患っており、既に意思能力がないという問題が生

じることもあります。相続人に意思能力がない方がいる場合はＱ７をご参照ください。

　また、高齢者の方は、兄弟姉妹の人数が多いという方も多いかと思います。そして、兄弟姉妹が先に亡くなっている場合、甥・姪が相続人になります。もともと、兄弟姉妹の人数が多いところにその甥・姪まで相続人になるので、相続人が多くなることもあります。相続人の人数が多くなれば、行方不明の方がいることもあるのです。

　相続人が行方不明ということなどあるのかと思われるかもしれませんが、典型的なのは相続人の１人が海外に行ってしまったというケースです。外国には日本のように住民票という制度がない国もあります。国外に転出した際に最初は住所を伝えていたが、その後、外国内で引っ越しをしたらしく郵便物が届かず、どこに住んでいるのかが分からないということは、ままあることなのです。

3　国外に住んでいる住所不明な相続人がいる場合

　国外に転出した場合、転出先の国が住民票の除票に記載されます。

　転出した先の国は分かりますが、外国には日本のような住民票がない国があり、国外に転出した方のその後の住所が分からないことがあります。また、一度転出した後で、また他の国に引っ越していた場合、もう住民票では追えなくなります。

　そのような場合、滞在している外国の日本領事館に所在確認の手続（外務省が実施する「所在調査」）を依頼することができます。この所在調査は滞在している国が判明している場合のみできる手続で、不明な場合は調査することができません。

　所在調査は三親等内の親族のみ利用が可能で、次頁の所在調査申込書を記入して依頼します。

　本事例でいえば行方不明者が他のおじ、おばであれば三親等ですので所在調査を利用できます。しかし、いとこの場合には四親等となるので所在調査は利用できないことになります。

　アメリカ合衆国限定ではありますが、居住者データベースサイトも存在します。全員が必ず登録されているわけではないのですが、行方不明者探索の端緒になる可能性はあります。

第1章

【所在調査申込書例】

所 在 調 査 申 込 書 (親 族 用)

記入日 ：令和　4　年　5　月　20　日

1．調査対象国（あるいは地域）　：　アメリカ合衆国

2．被調査人（調査の対象となる人物）

（1）氏名（戸籍上）：　氏　支援　／　名　一郎　　（現地名（あれば）：　　　　）
ふりがな　　　　　しえん　　　　　いちろう

（2）生年月日　：　　　　昭和15　年　1　月　4　日生まれ（出生地：　東京　　）

（3）本籍　：　　　東京　　都・道・府・県　港区虎ノ門一丁目△番

（4）戸籍の附票上で確認できる最後の住所　：　東京都千代田区霞が関三丁目△番△号

（5）配偶者の有無（いずれかに○）

有　・　無　（ある場合は氏名　：　　　　　　　　　（外国人の場合は国籍　：　　　　　）

3．本調査の目的（「所在不明」と判断した理由などを具体的にご記入ください。）

　　アメリカ合衆国に行ったことは確認できるが、その後連絡を取っている者がおらず、所在不明である。
　　被調査人は、亡支援三郎の相続人であるが、相続手続きのために所在を調査する必要がある。

4．調査依頼人（申請者）

（1）氏名　：　氏　支援　／　名　有男
ふりがな　　しえん　　　　あるお

（2）住所　：　　　東京　　都・道・府・県　新宿区新宿一丁目△番△号

（3）電話番号　：　03-○○○○-○○○○

（4）被調査人との関係　：　叔父

5．その他（調査の手がかりとなる事柄。わかる範囲で記入のこと。）

（1）音信途絶前の最後の住所　：　東京都千代田区霞が関三丁目△番△号

（2）渡航年月日　：　昭和42　年　　　月　　　日　頃

（3）その他　：

4　行方不明の方が生死不明の場合

　　行方不明となった相続人が生死不明であり、生死不明になった時から7年間経過している場合、家庭裁判所に「失踪宣告」の申立てをすれば死亡したものとみなされます（民法30条1項、31条）。

　　この場合は、行方不明者以外の相続人で手続を進めていくことができます。

　　行方不明の相続人に子がいた場合は、代襲相続して子が相続人となります（民法887条2項）。

　　失踪宣告についての詳細は、Q6をご参照ください。

　　なお、生死不明になった時から7年間経過していても、失踪宣告を申し立てずに不在者財産管理人選任を申し立てることも可能です。

5　行方不明の方が生死不明ではない又は生死不明になってから7年間経過していない場合

　　住民票や戸籍の附票を取り寄せても所在が確認できず、又は生死不明な状態から7年間は経過していないという場合、家庭裁判所に「不在者財産管理人」の選任申立てを行い、管理人に行方不明の相続人の代理人となってもらって相続手続を進めていくことになります。

(1)不在者財産管理人とは

　　不在者財産管理人とは、従来の住所又は居所を去り容易に戻る見込みのない者（不在者）の財産を管理する人をいいます（民法25条1項）。

　　遺産分割において行方不明となっている相続人がいる場合、裁判所に行方不明の相続人の不在者財産管理人を選任してもらい、不在者財産管理人を交えて遺産分割協議を行うことになります。

　　不在者財産管理人選任の申立ては、不在者の従来の住所地又は居所地の家庭裁判所に対して行います（家事事件手続法145条）。

　　不在者財産管理人の申立ては、利害関係人（不在者の配偶者、相続人に当たる者、債権者など）と検察官が行うことができます（民法25条1項）。

　　本ケースのように遺産分割の相手方が行方不明という場合には、他の相続人は利害関係人として不在者財産管理人選任の申立てができます。

第1章

【不在者財産管理人選任審判申立書例】

受付印	家事審判申立書　事件名（不在者財産管理人選任）
	収入印紙貼付欄(800円)

収　入　印　紙	円
予納郵便切手	円
予納収入印紙	円

準口頭	関連事件番号

東　京　家　庭　裁　判　所 御　中 令和4年5月31日	申立人	支　援　有　男 代理人弁護士　○○　○○　印

添付書類	申述人・法定代理人等の戸籍謄本　　△通 被相続人の戸籍謄本　　△通

申 立 人	本　　籍	東京都新宿区新宿一丁目△番			
	住　　所	〒160-○○○○　　　　　電話　03-○○○○-○○○○ 東京都新宿区新宿一丁目△番△号			
	連　絡　先	〒　　－　　　　　　　　　　電話			
	フリガナ 氏　　名	シエン　アルオ 支　援　有　男	昭和55年3月9日生	職業	会社員

不 在 者	本　　籍	東京都虎ノ門一丁目△番		
	最後の 住　　所	〒100-0000 東京都千代田区霞が関三丁目△番△号		
	連絡先	〒		職業
	フリガナ 氏　　名	シエン　イチロウ 支　援　一　郎	昭和15年1月4日生　（82歳）	

申 立 人 代 理 人	事　務　所	東京都千代田区霞が関○－○－○○○○○○○○○○○○○ 法律事務所○○○○ 電話：03-○○○○-○○○○　　ＦＡＸ：03-○○○○-○○○○
	フリガナ	ベンゴシ　○○○○　○○○○
	氏　　名	弁護士　○○　○○

申　立　の　趣　旨
不在者の財産管理人を選任するとの審判を求めます。

申　立　の　理　由
1　申立人は、不在者の甥です。 2　不在者は、昭和４２年頃にアメリカ合衆国に行くと言って家を出て以来、音信が途絶えています。親戚、友人等に照会をしてその行方を捜しましたが、今日までその所在は判明しません。 3　令和3年7月19日に不在者の弟支援三郎が死亡し、別紙財産目録記載の不動産等につき不在者がその共有持分を取得しました。 　　また、不在者に負債はなく、その他の財産は別紙目録のとおりです。 4　このたび、亡三郎の遺産分割調停を申立てしましたが（福島家庭裁判所令和△年（家イ）第＊＊号）、不在者は財産管理人を置いていないため、調停を進めることができないので、申立ての趣旨のとおりの審判を求めます。

【財産目録例】

財　産　目　録
【土　　　地】 　（省略） 【現金、預・貯金、株式等】 　（省略）

(2)不在者財産管理人選任の手続

　　家庭裁判所は、申立書や所在不明となった事実を裏付ける資料を確認した上で、申立人から事情を聴いたり、不在者の親族に照会したりして、所在不明かを判断します。

　　所在不明であり不在者財産管理人を選任する必要があると判断した場合、不在者財産管理人選任の審判をします。

　　不在者財産管理人は、不在者財産管理人選任申立書に申立人が候補者を推薦することは可能です。しかし、申立人が推薦した候補者が必ず選任されるわけでありません。不在者との関係や利害関係の有無などを考慮して、適格性が判断され、場合によっては、弁護士、司法書士などの専門職が選ばれます。

(3)不在者財産管理人との遺産分割協議

　　遺産分割協議のために不在者財産管理人を選任してもらうのですが、不在者財産管理人は不在者の財産を管理する権限しかないので、遺産分割協議により財産を取得するには、権限外行為許可を得る必要があります（民法28条、103条）。

　　この点、不在者の不利になるような遺産分割協議をすることは許可されませんので、不在者の法定相続分を確保した遺産分割協議を行う必要があります。

(4)不在者財産管理人選任申立ての管轄について

　　不在者財産管理人選任の申立ては、原則として不在者の従来の住所地を管轄する家庭裁判所になります。

　　しかし、不在者財産管理人を交えて遺産分割調停を行うことが必要なケースもあります。

　　現に遺産分割調停が遠方の家庭裁判所で行われているような場合、不在者の従来の住所地の家庭裁判所管内で不在者財産管理人が選任されると、遺産分割調停の出席のために遠方の家庭裁判所にするなどして交通費などがかかってしまうこともあります。

　　そのような場合、遺産分割調停が行われている家庭裁判所に管轄外申立てをすることも検討してもよいかもしれません。

　　裁判所によっては、遺産分割調停が係属しているような紛争性が高い案件については申立人が推薦する候補者を選任しない運用をしていると

ころもあるようです。

　そのような場合、不在者の従来の住所地を管轄する家庭裁判所に申し立てても、家庭裁判所から、管轄内での不在者財産管理人選任は不都合なので、遺産分割調停が係属している家庭裁判所に移送申立てをするように促される場合もあります。

〈自庁処理上申書例（不在者財産管理人）〉

令和4年（家）第＊＊＊＊号　不在者財産管理人選任申立事件
申　立　人　　支援　有男
不　在　者　　支援　一郎

自庁処理上申書

令和4年5月31日

福島家庭裁判所　家事△係　御中

申立人代理人弁護士　○　○　○　○

　福島家庭裁判所において、申立人及び不在者を相手方に含む遺産分割調停が申し立てられており（貴庁令和△年（家イ）第＊＊号）、東京家庭裁判所の管内で不在者財産管理人が選任された場合、福島家庭裁判所に出廷するための交通費等が多大になります。また、管理すべき財産も遺産分割により取得する財産のみのため、全て福島家庭裁判所の管内に存在することとなります。
　よって、頭書事件の管轄裁判所は東京家庭裁判所ですが、貴庁にて本件を処理していただきたく上申いたします。

以上

Q6

相続人が生死不明の場合（失踪宣告）

　おじXが亡くなり、甥であるYが相続人調査をしました。戸籍調査によるとおじには兄Aがいることになっているのですが、Aの存在など聞いたことがなく、Aの戸籍上の年齢は122歳なので、おそらく既に亡くなっているのに死亡届が出ていないのだと思います。

　Xには他に相続人はなく、Aにも相続人になるような親族はY以外にいません。

　このように相続人の一部が既に亡くなっているはずなのに戸籍上は亡くなったことになっていない場合、どのような手続をすればよいでしょうか。

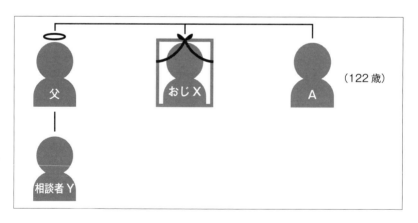

　　生死不明から7年間以上経過していれば失踪宣告を申し立てることになります。

第1章

解　説

1　失踪宣告とは

　失踪宣告とは、一定期間以上行方不明になっており、生きているのか死んでいるのか分からない状況の人に対して、法律上死亡したものとみなす効果を生じさせる制度のことです。

　生死が7年間以上明らかでない場合（普通失踪）、戦争、船舶の沈没、震災等の死亡の原因となる危難に遭遇し、その危難が去った後、生死が1年間以上明らかでない場合（危難失踪）に申し立てることができます（民法30条）。

2　失踪宣告の手続

(1)管轄

　失踪宣告の申立ては不在者の従来の住所地又は居所地の家庭裁判所に対して行います（家事事件手続法148条1項）。

　従来の住所地も居所地も分からない場合は、東京家庭裁判所に申立てを行うことになります（家事事件手続法7条、家事事件手続規則6条）。

　この場合、管轄上申をすることになります。

(2)申立権者

　失踪宣告を申し立てることができるのは利害関係人に限られます（民法30条1項）。

　ここでいう利害関係人は、事実上の利害関係では足りず、配偶者、父母、相続人などの法律上の利害関係があることが必要です。

(3)失踪宣告手続

　失踪宣告の申立てがされると、多くの場合、家庭裁判所調査官による調査が行われます。

　その後、裁判所が定める期間（普通失踪の場合は3か月以上）に、不在者の生存を知っている人はその届出をするように官報や裁判所の掲示板で催告をします。

　その期間内に届出などがなかったときに失踪の宣告がされます。

3　失踪宣告の効果

普通失踪の場合、失踪期間7年間が満了した時に死亡したものとみなされます（民法31条）。

失踪宣告の審判が出て確定した場合、申立人は、10日以内に失踪宣告審判書謄本、確定証明書を添付して不在者の本籍地又は申立人の住所地の役場に対して失踪届を出さなければなりません（戸籍法94条前段、63条1項）。

失踪届が出されると戸籍に失踪宣告が反映されますので、それを取得して相続手続をすることになります。

【失踪宣告の戸籍記載例】

失踪宣告	【死亡とみなされる日】昭和37年8月31日 【失踪宣告の裁判確定日】令和4年12月10日 【届出日】令和5年1月15日 【届出人】親族　支援有男 【送付を受けた日】令和5年1月20日 【受理者】東京都港区長

4　失踪宣告の申立例

(1)失踪日の重要性

普通失踪の場合、失踪した日から失踪期間である7年間が満了した時に死亡したとみなされます（平成20年3月31日に失踪した場合、平成27年3月31日に死亡したものとみなされます。）。

そのため、失踪した日を特定する必要があります。

失踪者が死亡したとみなされる日によっては失踪者の相続関係が変動する可能性もあり、失踪者がいつ失踪したかは重要な問題になります。

(2)一切の交流がなく失踪した日が分からない場合

孤独死の場合、故人との交流が一切なく、失踪した他の相続人についても一切の事情が分からないということもあります。

私も、存在そのものを知らず戸籍上のみ存命していることになっているというケースの失踪宣告を何件か取り扱ったことがあります。

失踪者について一切の事情が分からないので、形式的なものに依拠するほかなく、戸籍上の身分事項の最後の記載がある日や戸籍の附票上の

住所が職権で消除された日を失踪日と申し立てましたが、その内容での審判が出されています。

⑶失踪していることの説明

　また、失踪していることの説明として、失踪者と連絡が取れず、失踪者の行方を知っている親族がいないことの他、失踪者が平均寿命を超える年齢であること、高齢であれば介護保険や健康保険を利用するはずですが住民登録がされていないので介護保険や健康保険が使えないことを補充的に説明しています。

5　高齢者消除との関係

　100歳を超えて所在不明の方について、市町村長が法務局長の許可を得て、戸籍を消除することが認められています。これを高齢者消除といいます（戸籍法24条1項・2項）。

　この高齢者消除は、戸籍の整理にすぎないので、その人が死亡したことにはなりません。

　※松山家審昭和42年4月19日（家月19巻11号117頁）は、いわゆる高齢者職権消除は、「単に戸籍行政上の便宜にもとづくものであつて、失踪宣告の如き法的効果を生ずるものでない」としています。

　相続手続からその人を除くためには、やはり失踪宣告を申し立てる必要があります。

　戸籍の高齢者消除がされている場合、失踪届を出した後、消除の取消しをした後で戸籍に反映されるため、通常より戸籍取得に時間がかかる点に注意が必要です。

【戸籍の高齢者消除の記載例】

身分事項	
出　　生	省　略
婚　　姻	省　略
配偶者の死亡	省　略
高齢者消除	【高齢者消除の許可日】令和○年○月○日 【除籍日】令和○年○月○日

【失踪宣告申立書例】

<table>
<tr>
<td colspan="2" rowspan="4">受付印</td>
<td colspan="2">家事審判申立書　事件名（失踪宣告）</td>
</tr>
<tr>
<td colspan="2" rowspan="3">収入印紙貼付欄(800円)</td>
</tr>
<tr></tr>
<tr></tr>
<tr>
<td>収 入 印 紙</td>
<td>円</td>
<td colspan="2"></td>
</tr>
<tr>
<td>予納郵便切手</td>
<td>円</td>
<td colspan="2"></td>
</tr>
<tr>
<td>予納収入印紙</td>
<td>円</td>
<td colspan="2"></td>
</tr>
<tr>
<td>準口頭</td>
<td colspan="3">関連事件番号</td>
</tr>
<tr>
<td colspan="2">東 京 家 庭 裁 判 所
御 中
令和4年5月31日</td>
<td>申立人</td>
<td>支 援 有 男
代理人弁護士　○○　○○　印</td>
</tr>
<tr>
<td>添付書類</td>
<td colspan="3">申述人・法定代理人等の戸籍謄本　　△通
被相続人の戸籍謄本　　　　　　　　△通</td>
</tr>
</table>

申立人	本　　籍	東京都新宿区新宿一丁目△番
	住　　所	〒160-○○○○　　　　　電話　03-○○○○-○○○○ 東京都新宿区新宿一丁目△番△号
	連 絡 先	〒　　　－　　　　　　　　電話
	フリガナ 氏　　名	シエン　アルオ 支　援　有　男　　昭和55年3月9日生　職業　会社員
不在者	本　　籍	東京都虎ノ門一丁目△番
	最 後 の 住　　所	不明
	連絡先	〒　　　　　　　　　　　　　　　　職業
	フリガナ 氏　　名	シエン　イチロウ 支　援　一　郎　　明治32年1月4日生　（122歳）
申立人代理人	事 務 所	東京都千代田区霞が関○-○-○○○○○○する○○○○ 法律事務所○○○○○ 電話：03-○○○○-○○○○　ＦＡＸ：03-○○○○-○○○○
	フリガナ 氏　　名	ベンゴシ　○○○○　○○○○ 弁護士　○○　○○

> ### 申　立　の　趣　旨
>
> 不在者に対し失踪宣告をするとの審判を求めます。

> ### 申　立　の　理　由
>
> 　申立人及び不在者は、いずれも、亡支援三郎の相続人である。
> 　不在者について住民票は見当たらず、また、戸籍の附票を取得しても同書記載の「住所」欄は昭和３０年８月３１日に職権消除されている。そして、戸籍上でも、昭和２５年８月３１日に新戸籍が編製されて以降何ら動きはない。そして、当然ながら、申立人をはじめとした親族は、不在者と連絡が取れない状態にある。
>
> 　このように、不在者は、遅くとも戸籍附票上の住所が職権消除された昭和３０年８月３１日時点では生死が明らかでない状態となっている。そして、現在に至るまで約６５年間もの間生死が明らかでなく、今後も明らかとなる見込みはない。
> 　さらに、不在者の生年月日は、明治３２年１月４日であり、存命であれば現在１２２歳であるところ、男性の平均余命は８１歳である。また、仮に存命であるとすれば、その年齢に鑑みても介護保険や少なくとも健康保険は使用しているはずである。その場合住民票が不可欠であることはいうまでもなく、このような点から見ても既に死亡していると考えるのが自然である。
>
> 　したがって、申立ての趣旨記載の審判を求める。

【管轄上申書例】

家事審判申立事件（失踪宣告）
　申　立　人　　　支援　有男
　不　在　者　　　支援　一郎

管轄上申書

令和4年5月31日

東京家庭裁判所　御中

申立人代理人弁護士　　　○　　○　　○　　○

　失跡に関する審判事件は、不在者の住所地の家庭裁判所の管轄であるところ、頭書事件の不在者は、その住所地が不明である。
　不在者は、戸籍上は存在するものの親族は誰も不在者の存在を知らない。
　申立人自身においても不在者とは連絡を取ったことがないため、かつての居所等も不明である。また、同人について住民票はなく、戸籍附票住所欄にも何らの記載がない。
　そのため、「家事事件の管轄が定まらないとき」といえ、かかる場合、当該家事事件は「最高裁判所規則で定める地を管轄する家庭裁判所の管轄に属する」（家事事件手続法第7条）。そして、この「最高裁判所規則で定める地」は、東京都千代田区とされている（家事事件手続規則第6条）。
　したがって、貴庁において処理されたく、上申する。

以上

【失踪届例】

失　踪　届	受　理	令和　　年　　月　　日		発送　令和　　年　　月　　日
	第	号		
令和 5 年 1 月 15日 届出	送　付	令和　　年　　月　　日		長 印
	第	号		
港区 長 殿	書類調査	戸籍記載	記載調査	附　票　　住民票　　通　知

（よみかた）	しえん 氏	いちろう 名	
失踪した人の 氏　　　　名	支　援	一　郎	明治32年 1 月 4日 生
最 後 の 住 所	不　明		
	世帯主 の氏名		
本　　　　籍	東京都港区虎ノ門	1丁目	△番地 △番
	筆頭者 の氏名　支援 始太		
死亡とみなされ る 年 月 日	昭和37年	8 月	31 日
審 判 確 定 の 年　　月　　日	令和4年	12 月	10 日
そ の 他			

届 出 人	□夫　　□妻　　□父　　□母　　☑その他（　甥　　　　　　　　　　　）	
	住　所　東京都新宿区新宿　　　　　　1丁目　△番　△号	
	本　籍　東京都新宿区新宿　　　　　　1丁目　△番地 △番　　筆頭者 の氏名　支援 有男	
	署　名 （※押印は任意）　支援　有男　　　　　　印　　昭和55年 3 月 9 日生	

Column

失踪宣告と不在者財産管理人の選択

　行方不明者が 7 年間生死不明であっても、失踪宣告を申し立てずに、行方が分からないという理由で不在者財産管理人を選任し、遺産分割協議をすることは可能です。

　では、7 年間生死不明の行方不明者がいる場合、失踪宣告と不在者財産管理人選任申立てとどちらを選べばよいのでしょうか。

　考えるポイントはスピードと相続分です。

　まず、不在者財産管理人選任申立てと失踪宣告では、不在者財産管理人選任申立ての方が解決のスピードが速いと思います。失踪宣告は、家庭裁判所調査官による調査、3 か月以上の催告期間が必要ですが、不在者財産管理人選任の場合、催告期間はありません。

　次に、相続分です。不在者財産管理人が選任された場合、不在者の不利になるような遺産分割は許可されません。そのため、不在者の法定相続分は確保されることになります。

　他方で、失踪宣告の場合、失踪者は法律上死亡したものとみなされます。失踪者に相続人がいれば、その相続人が X の遺産分割協議に参加することになるので、失踪者の相続分は、失踪者の相続人が相続することになります。しかし、本事例のように失踪者に Y 以外の相続人がいないのであれば、遺産分割協議に参加する人数が減る結果、その分 Y の相続分が増えることになります。

　そうなると自身の相続分が増えますので、時間がかかってでも失踪宣告を利用した方が経済的にメリットがあるということになります。

〈不在者財産管理人の場合〉

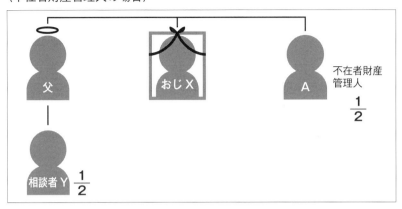

〈失踪宣告の場合〉

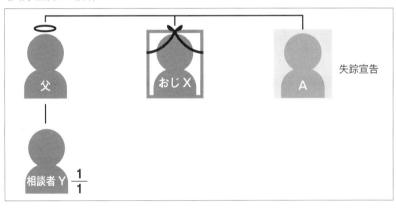

Q7

相続人の一人が認知症の場合（成年後見）

　一人暮らしをしていたおじが亡くなり、私が相続人になります。
　相続人調査の結果、私以外にも相続人がいることが分かりましたが、その相続人が認知症であることが判明しました。相続人の一部が認知症になっていた場合、遺産分割はどのようにすればよいですか。

　認知症により「事理を弁識する能力を欠く常況にある」（民法 7 条）場合には、成年後見人を選任してもらい、成年後見人を交えて遺産分割協議をする必要があります。

解　説

1　老々相続

　孤独死の場合、配偶者や子はおらず、すでに両親が亡くなっていることから、兄弟姉妹が相続人になることが多くなります。
　そして、故人が高齢により亡くなっている場合、その相続人となる兄弟姉妹も高齢者であることが多く、相続人が認知症で判断能力がないということもまま生じます。

2　後見人の選任

　認知症により判断能力がないという場合、遺産分割協議に応じることができないので、後見開始の申立てをし、成年後見人に就任してもらい、成年後見人を交えて遺産分割協議をすることになります。
　後見開始申立ては、本人、配偶者、四親等内の親族などが行うことができることとなっています（民法 7 条）。
　四親等内の親族が申立て可能ですので、相続人同士であれば後見開始申立ては可能です。

　ただ、本人の財産目録や診断書を提出する必要があり、特に診断書は、本人と同居していない者が取得するのは事実上困難です。

　そのため、認知症になっている相続人の配偶者や子などに後見開始申立てをするように依頼してみるというのが通常です。

3　親族の協力がない

　もっとも後見申立てをするように依頼しても、親族の協力が得られず、申立てがされない場合もあります。

　成年後見人が選任されてしまうと、被後見人の財産管理に家族以外の第三者が関与することになり財産管理に不都合を感じていない親族からすれば成年後見人の選任に協力するメリットがありません。また、親族以外の第三者が成年後見人に選任された場合、成年後見人の報酬も発生するため、ゆくゆくは親族が相続するであろう被後見人の財産も目減りしてしまいます。

　そのため必ずしも親族が後見申立てに協力してくれるとは限らないのです。

　そのような場合、任意での協議ではなく、特別代理人を選任し（家事事件手続法19条1項）、遺産分割調停や遺産分割審判で遺産分割を求めていくことになります（Q30、39参照）。

第1章

Q8

遺言の探し方①　公正証書遺言の探し方

　一人暮らしをしていたいとこが孤独死をしました。いとこには相続人がいないのですが、いとこと私は生前仲がよかったので、もしかしたら遺言を書いているかもしれません。

　亡くなった人が、公正証書遺言を作っていたかを調べる方法があれば教えてください。

　遺言には大きく分けて公正証書遺言と自筆証書遺言があります。

　公正証書遺言の原本は公証役場で保管されています。

　自筆証書遺言については、法務局で保管されている場合と、自宅や金融機関の貸金庫など法務局以外で保管されている場合があります。

　それぞれ探し方が異なります。

　公正証書遺言の場合、公証役場で遺言の有無を調査可能ですが、調査をしてもらうには利害関係人であることが必要になります。いとこであるという程度だと利害関係が認められず、調査の受付をしてもらえない可能性があります。

解　説

1　遺言検索システム

　平成元年以降に作成された公正証書遺言であれば、全国の公証人が利用できる「遺言検索システム」により調べることができます。

　遺言検索システムを利用するには、公証役場に用意されている申請用紙で申請を行います。遺言検索はどこの公証役場でも申請することができ、遺言検索だけであれば手数料はかかりません。

　遺言者の存命中は、遺言者本人以外は遺言の存否を確認することはで

きません。

　昭和 63 年以前に作成された公正証書遺言を探したい場合、故人の自宅周辺の公証役場に個々に問合せをする必要があります。

　公証役場の場所は、日本公証人連合会のホームページで検索することができます（http://www.koshonin.gr.jp/list/）。

2　利害関係人とは

　遺言者が亡くなった後であれば、相続人、受遺者、遺言執行者、相続財産管理人などの利害関係人が公正証書遺言の検索をすることができます。

　利害関係人が遺言検索をするには、遺言者の死亡を証する除籍謄本のほか、申請者と遺言者の関係を証する資料、免許証などの本人確認書類、印鑑が必要となります。

　利害関係を示す資料としては、相続人であれば戸籍の全部事項証明書などで相続人であることを示すことになります。

　受遺者や遺言執行者の場合、どのような書類であれば利害関係を認めてくれるかは、公証役場の判断になるので、公証役場に事前に確認をしてください。

　例えば、先に書いた自筆証書遺言書があり、それで自己が受遺者や遺言執行者になっているのであれば、その遺言書の写しを持参することになります。また、遺言者からの手紙に受遺者にしたなどと記載されていればその手紙を持参することになります。

3　公正証書遺言があった場合

　遺言検索により公正証書遺言が存在した場合、保管場所となっている公証役場、遺言の作成年、証書番号を教えてもらえます。

　公正証書遺言が保管されている公証役場に対して、遺言書の謄本の交付を請求すれば遺言を手に入れることができます。

　公証役場が遠方の場合、平成 31 年 4 月 1 日から郵送で取得することも可能になりました。

4　利害関係人による遺言検索システム利用の困難さ

　受遺者が遺言検索システムを利用するには、自身が受遺者であること
を推定されるような資料が必要となります。自身が受遺者になっている
と思われるという程度では利用ができません。

　本事例のように、ただ「いとこである」程度の利害関係では、遺言検
索システムを利用できる利害関係人には当たらないと判断される可能性
が高いです。

　仮に、故人が生前、自分が亡くなったら財産はいとこにあげると言っ
ていたなどの事情があれば、それを陳述書にして公証役場に提出して、
公証役場の判断を仰ぐことになります。

　この点、相続人以外の者が遺言検索システムを利用することの困難さ
については齋藤隆行「遺言検索システムについて」（法苑 186 号）に詳し
く書いてあり、参考になります（https://www.sn-hoki.co.jp/articles/arti-
cle086579/）。

5　遺言検索システムが利用できない場合

　故人に相続人がおらず、遺言検索システムを利用しようとしたが公証
役場が利害関係があると認めてくれないという場合、それでも公正証書
遺言の有無を調査するのであれば、相続財産管理人選任申立て（後記
Q18 参照）を検討することになります。

　相続財産管理人が選任されれば、相続財産管理人が公正証書遺言の有
無を調査してくれます。

Q9

遺言の探し方② 自筆証書遺言書保管制度について

一人暮らしをしていたいとこが孤独死をしました。いとこには相続人がいないのですが、いとこと私は生前仲がよかったので、もしかしたら遺言を書いているかもしれません。

公正証書遺言はなかったのですが、生前にいとこは自筆証書遺言書を法務局に預けるという制度が始まったということを話しており、その制度を利用しているかもしれません。

自筆証書遺言書が法務局に預けられているか調査する方法を教えてください。

法務局に対して、「遺言書保管事実証明書」の請求をすれば、故人が請求者を受遺者に指定している遺言を作成していたかを調査することができます。

解 説

1 自筆証書遺言書保管制度

令和2年7月から法務局で自筆証書遺言を預かるという自筆証書遺言書保管制度が始まりました（遺言書保管法）。

自筆証書遺言書保管制度を利用すると、

- 遺言書の画像情報
- 遺言書に記載されている作成の年月日
- 遺言者の氏名、生年月日、住所、本籍
- 遺言書に受遺者がある場合には受遺者の氏名、住所
- 遺言書で遺言執行者を指定している場合は、その者の氏名、住所
- 遺言書の保管を開始した年月日
- 遺言書が保管されている遺言書保管所の名称及び保管番号

などの情報が法務局で記録されることになります。

2　自筆証書遺言書保管の調査

　故人が自筆証書遺言書保管制度を利用して自筆証書遺言を法務局に預けていたかについて、相続人や受遺者、遺言執行者などの立場にある人（相続人等といいます。）は、全国の遺言書保管所（法務局）で調査をすることが可能です。

　遺言書が存在した場合、相続人等は、遺言書の内容の証明書の交付を請求したり、遺言書の原本の閲覧、遺言書のモニターによる閲覧をすることができます。

　なお、遺言書保管官は、遺言書情報証明書を交付し又は相続人等に遺言書の閲覧をさせたときは、速やかに、当該遺言書を保管している旨を遺言者の相続人、受遺者及び遺言執行者に通知することになっています（遺言書保管法9条5項）。

3　遺言書保管事実証明書

　遺言者が死亡した後であれば、誰でも、法務局に対して「遺言書保管事実証明書」の請求をすることにより、故人が自筆証書遺言を保管しているか否かの確認をすることができます（遺言書保管法10条）。

　この制度により自分が受遺者になっているかもしれないという程度の利害関係でも、自身に関係がある自筆証書遺言が保管されているか否かを確認することができます。

　いとこでありもしかしたら受遺者に指定されているかもしれないという場合、遺言書保管事実証明書の申請をすれば、自身に関係がある自筆証書遺言が保管されているか否かが明らかになります。

　自身に関係がある自筆証書遺言が保管されていなければ、「（あなたに関係のある遺言書は）保管されていない」という証明書が発行されます。

　なお、遺言書保管事実証明では遺言書の内容を知ることはできません。遺言書保管情報証明書を請求し自筆証書遺言が保管されていることが判明したら、次は先に説明した遺言書情報証明書の交付請求や遺言書の閲覧請求を行い、遺言書の内容を確認する必要があります。

4 請求先

遺言書保管事実証明書は、実際に遺言書を保管している法務局に限らず、どの法務局に請求してもかまいません（遺言書保管法 10 条 2 項）。

窓口で請求する場合には、免許証などの写真付きの公的身分証が必要になるので、忘れずにお持ちください。

なお、窓口での請求ではなく、郵送による請求をすることも可能です。

第
1
章

Q10

遺言書の探し方③　自筆証書遺言の探し方、貸金庫の開扉

　一人暮らしをしていたいとこが孤独死をしました。いとこには相続人がいないのですが、いとこと私は生前仲がよかったので、もしかしたら遺言を書いているかもしれません。

　公正証書遺言も法務局に預けた自筆証書遺言もなかったのですが、他にはどのような場所を探せばよいでしょうか。

 　自筆証書遺言は、金融機関の貸金庫や自宅の金庫に保管されていることもあります。

　その他、自宅の貴重品が入っている引き出しの中、仏壇や神棚の周辺、本棚、タンスの中、化粧台などに入っていたこともあるので、遺品整理の際に細かく探してみてください。

解　説

1　金融機関の貸金庫の場合

(1)相続人の場合

　金融機関との間の貸金庫契約は、「当該貸金庫の場所（空間）の賃貸借」とされます（最二小判平成11年11月29日民集53巻8号1926頁）。

　賃貸借契約ですので死亡によっては当然に終了せず、貸金庫契約上の地位は相続人全員で準共有されているという状態になります。

　貸金庫契約上の地位は、相続人全員で準共有している状態ですので、相続人全員の同意があれば、遺産分割未了の間であっても、金融機関は内容物の確認をさせてくれます。

　他方で、相続人全員の同意がない場合、内容物の確認が拒否されるというケースもあります。この点、貸金庫内の遺産がどのようなものか判

明しなければ、相続をするかしないかの判断ができない場合もあり得るので、相続人の遺産の調査権（民法915条2項）に基づき、一部の相続人からだけであっても、内容物の確認を要求できてもよいとも思えます。しかしながら、多くの金融機関では、貸金庫の開扉を認めると内容物を持ち出されてしまうおそれがあることから、全相続人の同意を要求するという内規にしており、一部の相続人のみでの貸金庫内の内容物の確認は拒否されることが多いというのが実情です。

　ただ、相続人の人数が多い、相続人の一部が行方不明などの状況により相続人全員の承諾が直ちにもらえないということもあります。

　そのような場合、相続人に遺産調査権があることを前提に、全相続人の同意を直ちにもらえない事情を金融機関に説明すれば、金融機関職員の立会い、弁護士の立会い、公証人を立ち会わせて内容物の確認について事実実験公正証書を作成する（公証人法35条）など内容物の持ち出しがされないような条件を付けた上で、一部の相続人の同意のみで貸金庫の内容物の確認を認めてくれることもあります。

　全相続人の同意がもらえない場合であっても、諦めずに金融機関と交渉をしてみるとよいでしょう。

(2)相続人ではない場合

　相続人がいない場合、いとこなどの親族は貸金庫契約者の地位を相続していません。金融機関から見れば貸金庫契約の契約者でもないただの親族であり、貸金庫の内容物を確認させる必要はありません。

　したがって、相続人でない親族は、原則として内容物の確認はできません。

　しかし、貸金庫内にもし自筆証書遺言があれば、自身が受遺者になっている可能性もあります。また、相続人がいない場合には相続財産管理人選任申立てをすることになりますが、申立てには高額な予納金が必要なことが多いのが実情です。相続財産管理人を選任してもらい、相続財産管理人が貸金庫を開扉したら自筆証書遺言が見つかったとなると、せっかくの相続財産管理人申立費用も無駄になってしまいます。

　このように貸金庫内の他の内容物は確認できなくてよいので、貸金庫内に自筆証書遺言があるかだけでも知りたいという実情があります。

　原則として相続人でない親族は、貸金庫内の内容物の確認はできない

のですが、諦めずに交渉をした結果、貸金庫内に自筆証書遺言があるか
だけは確認させてもらえたというケースはあります。

　相続人以外の場合、原則としては貸金庫内の内容物の確認は困難です
が、諦めずに金融機関と交渉をした方がよいでしょう。

2　自宅を調べる場合

　自筆証書遺言が自宅で保管されているか否かは、とにかく故人の自宅
内を探してみるしかありません。貴重品が入っている引き出しに一緒に
保管されている他、仏壇や神棚、化粧台なども調べてみてください。

　また、自宅に金庫があるという方もいます。

　自宅金庫の中に自筆証書遺言が保管されている可能性があるので開け
たい場合、多くの金庫は暗証番号を入れたりダイヤルを回したりする必
要があります。故人が予期せず亡くなった孤独死のケースでは、誰も自
宅金庫の開け方を教えてもらっておらず、開け方を控えてもいないの
で、開けたくても開けられないということも多いかと思います。

　私も何度かそのような場面に遭遇したことはありますが、いずれの
ケースでも鍵業者に依頼し、開扉してもらえました。

　自宅に金庫があるが開けられないという場合、鍵業者に事情を説明し
て開扉を依頼してみると、開けてもらえるかもしれません。

Column

相続人以外の第三者が貸金庫の内容物確認ができたケース

　一般化できる事例ではないですが、交渉の一材料になればと思い、私が実際に相続人以外の第三者の代理人として貸金庫の内容物が確認できたケースを紹介します。

　私が経験したケースでは、故人には相続人がおらず、親族から相続財産管理人選任申立ての依頼を受けているという立場でした。

　ただ、親族からの聞き取りにより、もしかしたら他の親族に遺贈する遺言を書いている可能性があると思われましたので、貸金庫契約をしている金融機関に貸金庫の内容物を確認させてもらえないか尋ねてみました。

　当然、最初は断られたのですが、金融機関に戸籍を提出し故人に相続人がいないこと、私が親族から相続財産管理人選任申立てを受任していること、親族からの聞き取りにより貸金庫内に自筆証書遺言が保管されている可能性があることを説明しました。

　また、事実上の問題として、これから相続財産管理人選任の申立てをするのだが、100万円という多額の予納金が必要になるところ、もし自筆証書遺言が存在すれば金銭的出費を抑えられることを丁寧に説明し、お願いをしてみました。

　すると金融機関の内部協議の結果、金融機関の職員、複数の親族、弁護士である私が同席し、遺言書の有無のみを確認しその他の内容物については確認をしないという条件で、貸金庫内の遺言書の有無をさせてもらうことができました。

Column

自宅金庫の開け方

　解説のとおり、これまで故人宅にある金庫の開扉を鍵業者に依頼したことが何回かあります。

　てっきりドラマのように、聴診器のようなものを当てて、カチッ、カチッとダイヤルを回しながら開けるのかと思っていたのですが、実際には、「金庫はもう使わないか」と聞かれ、特殊なカッターで金庫のドアの蝶番を切断して一瞬で開けるというものでした。

　よほど頑丈な金庫であれば別なのかもしれませんが、普通の金庫がすぐに開いてしまっていた光景を見て、自宅金庫の防犯性とは……と疑問に思いました。

〈参考文献〉 BOOK

相続時の貸金庫の扱いについては以下の書籍が参考になります。

石井眞司・大西武士監修、木内是壽著『第2版　相続預金取扱事例集』（銀行研修社、2004）

経法ビジネス出版（株）編、桜井達也監修『JA相談事例集　相続・高齢者取引編』（経済法令研究会、2011）

Q11

相続財産の調査① 不動産、預貯金の調査

おじが亡くなり、私が相続人になるようです。

おじがいることは知っていましたが、生前全く交流がないので、おじにどのような遺産があるのか見当もつきません。

故人の遺産は、どこから調査に手を付ければよいのでしょうか。

不動産は登記制度があるので、比較的容易に判明します。次は、預貯金の取引履歴や郵便物などから財産に当たりをつけ、判明したものから各所に照会をしていくことになります。

解 説

1 不動産の調査

(1)登記の調査

自宅を所有していることが分かっている場合、自宅の不動産の登記（全部事項証明）を取得します。

登記は誰でも法務局で取得することが可能です。

土地の登記を取得するための地番を特定する必要がありますが、地番と住居表示は異なることがあります。

地番が分からない場合、土地の所在地を管轄する法務局に問い合わせると教えてもらえます。

(2)名寄帳の取寄せ

名寄帳は、所有している固定資産（土地・家屋）全てを把握するためのもので、所有者単位に所有する全ての資産の所在地や面積、評価額などを記載したものです。

相続人であれば名寄帳を取得することができ、名寄帳を取得できれば

被相続人がその自治体内で所有している不動産の一覧を取得することが可能です。

　名寄帳は、市区町村単位で作られますので、自宅が所在する市区町村の他、不動産を所有しているであろう市区町村に対して、名寄帳の取寄せを申請します。

　名寄帳は郵送でも申請することができ、申請用紙は各自治体のホームページから取得できることが多いと思います。被相続人が死亡したこと、申請者が相続人であることを示す書類（戸籍謄本や法定相続情報証明）を添付する必要があります。

　なお、自治体によっては、名寄帳ではなく、「土地家屋課税台帳」「固定資産課税台帳」という名称のこともあります。

⑶ 登記簿図書館による検索

　民間会社が提供しているサービスですが、「登記簿図書館」（http://xn-lcss68alvlysfomtekv.com/）というサイトでは、所有者名で不動産登記の検索をすることが可能です。同姓同名の人が所有している不動産も出てきてしまいますし、全ての不動産登記を網羅しているわけではないので、必ずしも正確ではありません。

　しかしながら、このサービスで検索をしたことによって、居住している市区町村以外に所有していた不動産の存在が判明することもあります。

　生前、どこかに土地を持っていたと言っていたような気がするがどこだか分からないというような場合、念のため登記簿図書館で検索をしてみるとよいかもしれません。

⑷ 固定資産税がかかっていない不動産に注意が必要

　自治体により取扱いが異なりますが、共有している私道など非課税の不動産については、名寄帳に記載されないことがあります。

　私道がありそうな場合には、公図を参考に、該当しそうな土地の登記事項証明書を取得して調査をした方がよいかもしれません。

2　預貯金の調査

　預貯金を調査すると預貯金の流れから他の財産が見つかったりします。

　そのため、遺産の有無が全く分からないという場合、預貯金から調査することをお勧めします。

(1)相続人の1人からの取引経過の照会

　相続人は、自己のために相続の開始があったことを知った日から3か月以内に相続放棄をするか単純承認、限定承認をするか決める必要があります。

　そのためには、相続財産がどの程度あるのか知っておく必要があるので、相続人は相続財産を調査することができます（民法915条2項）。

　最一小判平成21年1月22日（民集63巻1号228頁）も「共同相続人の1人は単独で相続預金の取引き経過開示請求ができる」と判示し、相続人の1人からの取引履歴の照会を肯定しています。

　このように相続人であれば、他の相続人の承諾なくして、金融機関に取引履歴を開示するよう請求ができます。

(2)取引金融機関が判明している場合

　故人の財布の中のキャッシュカード、貴重品が入っている引出の中に保管されていた預貯金通帳、金融機関からの郵便物などから取引していた金融機関が判明します。

　また、それ以外にも、カレンダーやメモ帳、ボールペンなど金融機関のノベルティグッズから取引金融機関が判明することもあります。

　判明した場合には、当該金融機関に対し、取引経過を照会します。必要書類は金融機関により異なりますが、所定の用紙に記入し、また免許証などの本人確認書類、自身が故人の相続人であることを示す戸籍や法定相続情報証明などを添付するのが一般的です。

(3)取引金融機関が分からない場合

　取引先金融機関が分からない場合、メガバンク、ゆうちょ銀行、故人が住んでいた地方の有力地方銀行のほか、故人が利用していた可能性がある金融機関、例えば住所近辺や勤務先近辺の銀行、信用金庫、信用組合、労働金庫、JAバンクなどを万遍なく回って取引の有無を照会することになります。

　取引金融機関が判明している場合と同様、自身が故人の相続人であることを示せば、通常は取引の有無を教えてもらえます。

　必要な手続は金融機関により異なりますが、取引の有無だけの照会であれば窓口で教えてもらえることもありますので、事前に調査をしたい金融機関に問い合わせておくとよいでしょう。

　　なお、同じ金融機関の他の支店と取引をしている可能性もありますの
で、取引の有無を照会する場合、必ず他の支店での取引がないかを確認
するようにしてください。

⑷ネット銀行について

　　ネット銀行（インターネット専業銀行）などを利用している可能性もあ
ります。

　　ネット銀行での取引については、金融機関からのお知らせが郵便物で
はなく電子メールで届いている可能性もあり、気付きにくいというのが
実情です。

　　もし、故人の電子メールが閲覧できるのであれば「銀行」や「口座」
などのワードで受信フォルダを検索してもよいかと思います。

　　また、もしネット銀行で取引をしている可能性があるのであれば、
ネット銀行に対して取引の有無の照会をかけることになります。

⑸取引履歴を調査する

　　金融機関は、少なくとも過去10年間の取引履歴を保存しています。

　　そのため調査に余裕があるのであれば、過去10年分の取引履歴を取
得するとよいのですが、取引履歴の取得には手数料がかかります。

　　手数料の金額は金融機関によりかなり異なります。

〈取引履歴発行手数料の比較例　メガバンクとゆうちょ〉
【預貯金入出金取引証明書手数料】

銀行名	手数料
三井住友	（5年以内の期間分）　1100円/1年分 ※5年を超える場合　5500円（5年分）＋550円×月数
みずほ	330円/月
三菱UFJ	330円/月
りそな	220円/月
ゆうちょ	520円/10年迄

（令和4年1月現在）

　　金融機関に手数料の額を問い合わせて、費用が高くなりすぎるようで
あれば、まずは2年間程度で取り寄せてみるのもよいかと思います。

　取引履歴を見ると他の金融機関への振込、保険料や貸金庫費用の引き落とし、地代、家賃の入金、配当収入など故人の資産に関わる様々な情報が判明します。

　それらの情報により他の金融機関、証券会社や保険会社との取引が判明していきます。

Column

郵便物の転送

　遺産の存在は、郵便物をきっかけに判明することが多いです。

　ただ、郵便物の転送については、郵便局が死亡の事実を知っている場合、転送を受け付けてもらえず、差出人への返還という対応になってしまいます。（郵便局ホームページ　よくあるご質問・お問い合わせ「死亡した受取人あての郵便物等を家族に転送してもらえますか？」(https://www.post.japanpost.jp/question/107.html))

　郵便物が差出人へ返還されてしまうと相続財産発見のきっかけが失われてしまいますので、本人死亡を理由とした転送の申出はせずに配達された郵便物を適宜確認をするという方がよいかもしれません。

　なお、信書開封罪（刑法133条）の告訴権者は信書の発信後は受信者だけでなく発信者も含まれます（大判昭和11年3月24日大刑集15巻307頁）。相続財産の調査目的であれば「正当な理由」（刑法133条）にあたるとは思われますが、一見して相続財産とは無関係そうな手紙であれば開封しない方がよいかと思います。

〈法改正〉

所有不動産記録証明制度

　法改正により自己または自己の被相続人となる者を登記名義人とする不動産の登記記録を証明した書面の交付を請求できるという所有不動産記録証明制度が創設されました（改正後不動産登記法 119 条の 2）。

　これにより今までできなかった自治体を越えた不動産の名寄せができるようになり、相続財産の調査が容易になることが見込まれます。

　もっとも、「対象者が真に所有権者であることを証明するものではないし、請求された対象者が登記名義人となっている不動産を完全に網羅して証明するものではないと考えられることなどについては留意が必要」（民法・不動産登記法（所有者不明土地関係）等の改正に関する中間試案の補足説明令和 2 年 1 月、法務省民事局参事官室・民事第 2 課、193 頁）と記載されているとおり、所有不動産記録証明においても、全ての所有不動産が記載されるわけではない点には注意が必要です。

　なお、所有不動産記録証明制度は、公布の日（令和 3 年 4 月 28 日）から起算して 5 年を超えない範囲内において政令で定める日に施行されることになります（附則（令和 3 年 4 月 28 日法律第 24 号）1 条 3 号）。

　同制度については、荒井達也『Ｑ＆Ａ令和 3 年民法・不動産登記法改正の要点と実務への影響』（日本加除出版、2021）が参考となります。

Q12

相続財産の調査② 有価証券、保険の調査

　おじが亡くなり、私が相続人になるようです。

　不動産や預貯金の調査は終わったのですが、おじは投資をしていたとも聞いています。有価証券や保険などの資産はどのように探せばよいでしょうか。

　郵便物や名刺などから取引している証券会社や保険会社に当たりがつくのであれば、各会社に問合せをすることになります。

　上場株式等については、証券保管振替機構に照会をするという方法もあります。

| 解　説 |

1　有価証券の調査

(1)取引会社が判明している場合

　自宅への郵便物や預貯金の取引履歴などから取引をしている証券会社が判明している場合、証券会社に対して、取引記録を取り寄せることになります。

　金融機関と同様ノベルティグッズや担当者の名刺などから取引している証券会社が判明することがあります。

　取引履歴の取り寄せ方法は証券会社により異なりますので、証券会社のホームページを見るか、問合せしてみてください。

(2)取引会社が判明していない場合

　ア　大手証券会社、信託銀行などに当たりをつけて照会する方法

　　大手証券会社や地場で有名な証券会社などに対して、口座照会をします。相続人であれば、応じてもらえます。

　イ　証券保管振替機構への照会

　　有価証券等の取引をしている場合、株式を持っている可能性もあり

【登録済加入者情報通知書みほん（株式会社証券保管振替機構）】

（出典：株式会社証券保管振替機構ホームページ）

ます。

　上場株式等（金融商品取引所に上場されている内国株式、新株予約権、新株予約権付社債、投資口（REIT）、協同組織金融機関の優先出資、振替投資信託受益権（ETF）、受益証券発行信託受益権（JDR）等）を保有している場合、証券保管振替機構（ほふり）に対して、登録済加入者情報を請求すると、口座が開設されている証券会社、信託銀行等が判明します。相続人であれば、この請求ができます。

　登録済加入者情報通知書の名寄せされている加入者の口座の欄に口座を開設している口座管理機関の名称が記載されます。

　これにより故人の口座開設先が判明するので、その情報を利用して、それぞれの証券会社、信託銀行に対し、取引の内容を照会することができます。

第1章

　　これによって上場株式等以外の投資資産が判明することがあります。
ウ　証券代行業者への照会
　　流通性のある非上場株式については、証券保管振替機構に対する登録済加入者情報通知書では確認ができません。
　　この場合、みずほ信託銀行、三菱UFJ信託銀行、三井住友信託銀行など証券代行業務を行っている信託銀行や東京証券代行株式会社や日本証券代行株式会社、株式会社アイ・アールジャパンなどの証券代行会社に株を保有していないか照会をすることも考えられます。
エ　ネット証券
　　ネット証券などを利用した取引については、郵便物ではなく電子メールで届いている可能性もあり、気づきにくいというのが実情です。
　　もし、故人の電子メールが閲覧できるのであれば「証券」や「口座」「FX」などのワードで受信フォルダ検索をしてもよいかと思います。

2　保険について
(1)保険会社が判明している場合
　　保険証券や生命保険料控除証明などから加入している保険会社が判明します。
　　また、金融機関の取引履歴から保険料の支払や保険金の振込があり、保険会社が判明することもあります。
　　故人の源泉徴収票や納税証明から保険料控除をしているか確認し、保険加入の有無を判断するという方法もあります。
　　金融機関と同様、担当者の名刺や保険会社のノベルティグッズから当たりを付けるという方法もあります。
(2)保険会社が判明しない場合
　　加入している保険会社が分からない場合、従前は個々の保険会社に問い合わせていたのですが、令和3年7月から一般社団法人生命保険協会に対して、生命保険協会に加盟している会社において被相続人が保険契約者または被保険者となっている生命保険契約があるかについて調査依頼ができるという生命保険契約照会制度が始まりました。
　　そのため、保険契約の有無が分からない場合には、一般社団法人生命保険協会に照会するとよいでしょう。

Q13

相続財産の調査③　負債の調査

　遠方の地方に住んでいるおじが亡くなりました。

　私が相続人になるらしいのですが、おじには小さな自宅がある以外に特に財産があるかは分かりません。相続は故人の借金も引き継いでしまうと聞いており、もしおじに借金があったら、自宅はそこまで価値がないので相続放棄をした方がよいのではないかと考えています。

　借金の有無を調べることはできるのでしょうか。

　全ての借金を調べることはできませんが、信用情報の照会によって、金融機関等からの借入額は調べることができます。

解　説

1　債務調査の必要性

　相続は、預貯金や土地などの積極財産も借金などの消極的な財産も全てまとめて承継することになります。

　もし、遺産を相続した結果、故人が多額の債務を負っていることが判明した場合、債務を相続したことによって、相続人がもともと持っていた財産を手放し、最悪は破産を余儀なくされるという可能性もあります。

　生前関わっていない方の遺産を相続する場合、負債の調査は必須と考えます。

2　不動産登記の確認

　故人が不動産を所有していた場合、不動産登記を取得します。

　金融機関から借入れをしている場合、所有不動産に抵当権を設定されることがありますので、不動産登記を見て抵当権設定の有無を確認します。

　乙区に抵当権が設定されており、債務者が故人名であった場合、故人の債務があることになりますので、債権者に連絡し、借入残高を照会します。

　また、まれに甲区に仮差押えや滞納処分の登記がされていることもあります。その場合も仮差押債権者に対して債務を負っていたり、租税を滞納している可能性がありますので、仮差押債権者や租税債権者に対して、債務の有無、残高を確認します。

【不動産登記の記録例】

権利部（甲区）　（所有権に関する事項）			
順位番号	登記の目的	受付年月日・受付番号	権利者その他の事項
1	所有権移転	平成10年10月5日第******号	原　因　平成10年10月5日売買 所有者　東京都千代田区霞が関三丁目△番△号 　　支　援　一　郎
2	差押	平成29年6月22日第******号	原　因　平成29年6月21日○○市差押 債権者　○○市
3	仮差押	令和4年5月28日第******号	原　因　令和4年5月24日○○地方裁判所仮差押命令 債権者　○○市中区本町二丁目△番地 　　株式会社○○○○

権利部（乙区）　（所有権以外の権利に関する事項）			
順位番号	登記の目的	受付年月日・受付番号	権利者その他の事項
1	抵当権設定	平成17年10月25日第*****号	原　因　平成17年10月23日金銭消費貸借同日設定 債権額　金5,000万円 利　息　年2.25% 損害金　年11.6% 債務者　東京都千代田区霞が関三丁目△番△ 　　支　援　一　郎 抵当権者　○○市中区本町一丁目△番地 　　△△銀行 （取扱店　□□支店）

3　団体信用生命保険適用の確認

　住宅ローンなどは、故人の死亡により団体信用生命保険（団信）の保険金で完済されていることもあります。不動産登記を調べてみたら故人を債務者とする抵当権が設定されていたので債務があると思ったら、団体信用生命保険が適用され、債務はなかったというケースもあります。

　また、逆に、団体信用生命保険で住宅ローンが完済されていると思っていたら、保障金額の上限や保障期間の上限により、団体信用生命保険が適用されず、住宅ローンが残っていたということもあります。

　前者の場合、一度借金があると思って相続放棄してしまうと、相続放棄は撤回できませんので、後で実は住宅ローンはなかったと気が付いても、もう相続することはできません。

　後者の場合も、もう住宅ローンはないと思い込んでいたとしても、相続手続をしてしまったり、相続放棄のための熟慮期間を経過してしまったりすると、もはや相続放棄はできなくなりますので、債務を引き継ぐことになってしまいます。

　故人の債務が判明している場合、必ず債権者に連絡をして、借入残高があるか、団体信用生命保険の適用があるかについて、実際に確認してみることをお勧めします。

4　信用情報機関に対する調査

　金融機関やノンバンク、カード会社や消費者金融などから借入れをした場合、信用情報機関に登録されます。

　故人について信用情報機関に登録された情報を確認すれば、金融機関やノンバンク、カード会社や消費者金融などに対する負債を確認することができます。

　信用情報機関には、全国銀行個人信用情報センター（KSC）、株式会社日本信用情報機構（JICC）、株式会社シー・アイ・シー（CIC）があります。相続人であれば、いずれの信用情報機関に対しても故人の信用情報を照会することができます。

(1)全国銀行個人信用情報センター（KSC）

　全国銀行個人信用情報センターへは銀行、信用金庫、JAバンクなどの金融機関からの借入れや金融機関系列の保証会社を利用したときに情

報が登録されます。

　登録情報の開示は、センターへの郵送による申込みでのみの受付となっています。登録情報開示申込書はホームページ（https://www.zenginkyo.or.jp/pcic/）から取得できます。

　開示対象者が死亡していることを証する資料、開示請求者が法定相続人であることを証する資料、免許証などの本人確認書類を添付して、開示の申込みをします（これは他の信用情報機関でも同じです。）。

　登録情報開示報告書の履歴の残債額の欄から負債の有無や金額が分かります。

⑵株式会社日本信用情報機構（JICC）

　JICC は、消費者金融会社、流通系・銀行系・メーカー系クレジット会社、信販会社、金融機関、保証会社、リース会社などが加盟しており、それらを利用した場合に情報が登録されます。

　JICC の信用情報の開示は、相続人の場合、窓口、郵送、インターネットで申請することが可能です。信用情報開示申込書は、ホームページ（https://www.jicc.co.jp/）から取得できます。

　亡くなった方の信用情報については、法定相続人、配偶者又は二親等以内の血族が開示手続を行うことができます。

　信用情報記録開示書のファイル D には、主に貸金業者からの借入情報やキャッシング契約が記載されます。ファイル M には、主にクレジットカードや金融機関などの契約内容が記載されます。

　ファイル D の債権情報の残高の欄やファイル M のトータル残高金額、割賦残高金額、キャッシング残高などの欄から負債の有無や金額が分かります。

⑶株式会社シー・アイ・シー（CIC）

　CIC は、貸金業者やクレジット業者が加盟しており、それらを利用した場合に情報が登録されます。

　CIC の信用情報の開示は、窓口、郵送、インターネットで申請することが可能です。信用情報開示申込書は、ホームページ（https://www.cic.co.jp/）から取得できます。

　亡くなった方の開示申込手続ができるのは法定相続人に限られます。なお、窓口での申請の場合は、配偶者、子及び法定代理人のみに限定さ

れます。それ以外の相続人は郵送により申請をする必要があります。

　信用情報開示報告書はクレジット情報、申込情報、利用記録から成りますが、クレジット情報にクレジットやローン等の契約内容や残高に関する情報が載っています。

　クレジット情報の支払の状況の残債額、割賦販売法の登録内容の割賦残債額、貸金業法の登録内容の残高の欄から負債の有無や金額が分かります。

5　故人が会社を経営したり事業を営んでいた場合

　故人が会社を経営したり事業を営んでいた場合、従業員がいるのであれば経理担当の従業員に会社の取引銀行や負債の状況を尋ねてみてください。

　決算書が見られる場合には、決算書の勘定科目明細で会社の負債の状況が分かります。

　金融機関からの借入れやリース会社との取引の際、会社の代表者が連帯保証をしているケースが多いので、金融機関やリース会社に故人の連帯保証の有無を確認することになります。

　故人や故人の経営していた会社が所有している不動産がある場合は、登記を確認して、差押登記や抵当権設定登記の有無も確認してみてください。

　なお、会社の代表者が金融機関からの借入れを連帯保証していても、全国銀行個人信用情報センターに登録されていないというケースは散見されます。全国銀行個人信用情報センターの開示に金融機関からの借入れに関する連帯保証が登録されていなくても、会社が借入れをしている金融機関が判明しているのであれば、代表者である故人の連帯保証の有無を確認した方がよいでしょう。

6　個人間での借金や連帯保証など

　信用情報機関を利用していない取引により負った債務や個人間の借入れ、個人間での連帯保証（友人の借入れの連帯保証や友人の賃貸借契約の連帯保証など）については、故人が亡くなり、契約書等も手元にないとなると調査をすることは事実上困難です。

　相続放棄の熟慮期間は3か月ですが（民法915条）、家庭裁判所に延長を申し立てることも可能です（民法915条ただし書）。

　債権者の中には、亡くなった後3か月を過ぎてから請求してくるという方もいるので、債務の有無が分からない場合、念のため熟慮期間を延長してみるというのも一つの方法です（相続放棄の熟慮期間の延長については Q15 参照）。

　また、一定程度の相続財産があることが分かっているので相続をしたいが、どうしても負債があるか不安があり単純承認はしたくないという場合は、極めて使いづらい制度ですが相続財産の限度で負債を相続するという限定承認という制度の利用を検討するのも一つの方法です。限定承認については Q17 を参照ください。

Q14

相続放棄①　相続放棄の概説

　　幼い時に両親は離婚し、母親が親権者になりました。母親が再婚したこともあり、実の父親とは会っておらず、一切交流がありませんでした。

　　この度、警察から連絡があり父親が亡くなったことを知りました。父とは生前全く交流をしておらずどのような財産があるかも分からないですし、交流がなかった父親の遺産を相続する気もないので、相続放棄をしようと考えています。

　　相続放棄はどのように行えばよいのでしょうか。

　　相続放棄は、原則として相続開始を知った日から 3 か月以内に家庭裁判所に相続放棄の申述をする必要があります。

　　相続をしないという文書を作成したり、実際に相続手続をしなかったり、自身の相続分を 0 とする遺産分割協議をしたりしただけでは、相続放棄をしたことになりません。

解　説

1　相続は負債も承継する

　　相続は、相続開始の時から、認知請求権など被相続人の一身専属権を除く、「被相続人の財産に属した一切の権利義務」を承継します（民法 896 条）。

　　これを包括承継といいます。

　　相続は「一切の権利義務」を引き継ぐので、預貯金や不動産などの積極的財産のみならず被相続人が負っていた借金などの債務も引き継ぎます。また、契約上の地位も承継しますので、現に生じている債務だけでなく、死亡後の賃料支払義務や賃貸借契約の原状回復義務など被相続人が締結していた契約から今後生じる義務も承継します。

　特定の財産のみを引き継ぐ特定承継と異なり、包括承継では、特定の財産や権利のみを引き継ぎ、特定の財産や権利・義務は引き継がないということを選べません。

　財産だけ承継をして、負債は承継しないということはできないのです。

　相続によって承継した財産や負債は相続人の財産と混ざってしまいますので、もし承継した財産よりも負債の方が多い場合、相続人はもともと有していた財産から相続した負債を返済する必要があります。

　そのようなことにならないようにするためには、相続人が被相続人の権利も義務も一切受け継がないという相続放棄をするか、相続によって得たプラス財産の限度において、被相続人の債務などのマイナスの財産を相続するという限定承認をする必要があります。

　相続をしたくないという場合には相続放棄をすることになります。

2　孤独死の場合の相続放棄

　孤独死した方の相続の場合、相続人はもともと生前に交流をしておらず、どのような財産があるのか、借金があるのかが分からないということも多くあります。そのような場合、財産の有無や負債の有無を調査することすら面倒なので、さっさと相続放棄をしてしまいたいという方もいます。

　また、孤独死の場合、遺品整理や賃貸物件の原状回復など面倒な作業を伴うことがあり（Q38～40参照）、そのような面倒な作業で精神的に辛くなるから相続放棄をしてしまいたいということもあります。

3　相続放棄の仕方

　相続放棄をするには、被相続人の最後の住所地の家庭裁判所に対して後記の相続放棄申述書を提出する必要があります（民法938条、家事事件手続法201条1項）。

　遺産分割で自身の相続分を0とする合意をしたり、相続するつもりがないから相続手続をしなかったりしても、それでは相続放棄をしたことにはなりません。

　相続放棄は、自己のために相続の開始があったことを知った時から3か月（熟慮期間）以内にする必要があります（民法915条1項）。3か月

以内に相続放棄をするか決められない場合は、熟慮期間の伸長を申立て
ることもできます（民法 915 条 1 項ただし書）。

　また、相続放棄の申述をする前に、相続人が相続財産の全部又は一部
を処分したときは法定単純承認となり（民法 921 条 1 号）、相続放棄をす
ることはできなくなります。

　どのようなことをすると単純承認になってしまうかは、Q15 をご参
照ください。

4　相続放棄手続の効果

　相続放棄の申立てをすると、通常、家庭裁判所から申立人に対して照
会書が送られてきます。照会書は、裁判所により異なるかと思います
が、死亡日から 3 か月以内の相続放棄の場合の照会書、死亡日から 3 か
月経過してから申し立てた場合の照会書など複数の種類があるようです。

　その照会書を返送し、特に申立内容に問題がなければ、相続放棄申述
受理通知書が送られてきます。

　家庭裁判所が相続放棄申述を受理したとしても、それにより相続放棄
の効果が確定するわけではありません。

　相続放棄申述受理は、あくまで家庭裁判所が申立人の相続放棄の申述
を受理したということを示すのみで、相続放棄の有効性には影響があり
ません。

　債権者は、法定単純承認事由があった、3 か月の熟慮期間を経過して
からの申立てであるなどを理由に相続放棄の効力が生じないとして争う
ことは可能です。

【相続放棄申述申立書例】

（1枚目）

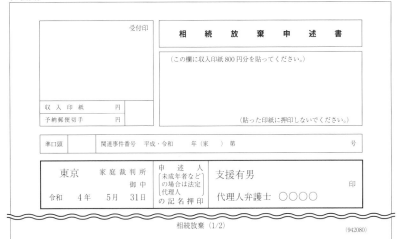

（2枚目）

申　述　の　趣　旨

相続の放棄をする。

申　述　の　実　情

相続の開始を知った日………令和4年4月22日
1　被相続人死亡の当日　　　　2　死亡の通知を受けた日
3　先順位者の相続放棄を知った日　④　その他（自己が相続人であることを知った日）

放　棄　の　理　由	相　続　財　産　の　概　略
1　被相続人から生前に贈与を受けている。	資
2　生活が安定している。	
3　遺産が少ない。	
4　遺産を分散させたくない。	
5　債務超過のため。	産
⑥　その他(縁が遠く財産も不明)	
	負　　　債……約　　　万円

相続放棄（2/2）

【相続放棄申述受理通知書】

〒100-0013
　東京都千代田区霞が関○-○-○
　○○○○○○○○○○○　法律事務所○○○○○

　　　　　　○○　○○　様

【親展・重要】

通　知　書

事件名　　　相続放棄申述事件
申述人　　　支援　有男
被相続人　　支援　一郎

　令和4年7月17日申述人の被相続人に対する相続放棄の申述を受
理したので通知します。

なお、手続費用は申述人の負担とされました。

本件につき予納を受けた郵便切手の使用残額（＊＊＊円）を返還します。

　　　　　　　　　　　　令和4年7月17日
　　　　　　　　　　　　　東京家庭裁判所家事第△部
　　　　　　　　　　　　　裁判所書記官　山田　○○

【相続放棄申述受理証明書】

相続放棄申述受理証明書

事件番号　　　　　令和4年（家）第****号（東京家庭裁判所）
　　　　　　　　　令和4年（ラ）第****号（東京高等裁判所）

申 述 人 氏 名　　支援　有男

被 相 続 人 氏 名　　支援　一郎

本　　　　　籍　　東京都港区虎ノ門一丁目△番△号

死 亡 年 月 日　　令和元年8月30日

申述を受理した日　令和4年11月17日

　　　　上記のとおり証明する。

　　　　　　　　　令和4年12月28日
　　　　　　　　　東京家庭裁判所家事第△部
　　　　　　　　　　裁判所書記官　山本　○○

5　相続放棄をした後のこと

①相続放棄申述受理通知

　相続放棄の申述をし、家庭裁判所が相続放棄申述を受理すると相続放棄申述受理通知書が送られてきます。

　債権者がいる場合、債権者に対し相続放棄をした旨を連絡すると、相続放棄申述受理通知書の写しを送るように依頼されることが多いので、写しを送付してください。そうすると債権者が相続放棄を争わない限りは、催告は停止するはずです。

　なお、債権者は、相続放棄申述が受理されていても、単純承認事由の存在や熟慮期間徒過を理由に相続放棄の効力が生じないとして争うことは可能です。

　相続放棄申述受理通知書には申述を受理した日の記載がありますが、これは裁判所が申述を受理した日であり、実際に申述をした日とは異なります。3か月以内に申述をしていればよく、裁判所が申述を受理した日が死亡から3か月経過していたとしても問題はありません。

　家庭裁判所で相続放棄の申述が却下され、抗告により高等裁判所が申述を受理する決定をした場合、家庭裁判所から相続放棄申述受理通知書が来ないようです（少なくとも私が扱ったケースでは来ていません。）。その場合、家庭裁判所に相続放棄申述受理証明書の申請をすれば、相続放棄受理証明書を発行してもらえます。

②管理義務

　相続放棄をしたとしても、放棄した財産を一切関知しないでよいというわけではありません。

　他の相続放棄をしていない相続人が相続財産の管理を始めることができるようになるまで、「自己の財産におけるのと同一の注意をもって」相続財産を管理しなければなりません（民法940条1項）。

③後順位相続人への連絡

　子が相続放棄をしたような場合、次順位の相続人がいることがあります。そのような場合、後順位の相続人に対し、相続放棄をしたことを伝えておいた方がよいでしょう。

　必須というわけではありませんが、先順位の相続人が相続放棄をし、自身が相続人になったことを知らずに、債権者からの連絡でその

事実を知った場合、「あなたが相続放棄をしたせいで余計なトラブルに巻き込まれた。」と、後順位の相続人から感情的な攻撃がくることもあります。

　なお、第2順位の相続人である父母が双方相続放棄した場合、祖父母が存命だと第3順位の相続人に移る前に祖父母が相続人になります（民法889条1項1号）。子や兄弟姉妹が相続放棄をしても代襲相続人である孫や甥・姪が相続人になることはないのですが、父母の場合は、相続放棄をすると祖父母が相続人となります。自殺や過労死での突然死のように比較的若年での孤独死の場合、故人の祖父母が存命ということもありますので注意が必要です。

④相続人の不存在

　相続放棄をした場合、最初から相続人にならなかったとみなされます（民法939条）。全員が相続放棄をした場合は、相続人がいないことになります（相続人がいないケースについてはQ18参照。）。

〈法改正・相続放棄後の管理責任〉

　所有者不明土地問題解決を図る民法・不動産登記法等の改正に伴い、相続放棄後の管理責任が減縮されます。

　現在は、相続放棄をした者も、放棄後に自己の財産におけるのと同一の注意義務が課せられていますが、改正民法では、相続放棄時に現に占有していた場合のみ、その財産を保存しておく義務を負うのみとなります（改正民法940条1項）。

　そのため、相続放棄がしやすくなります。

　改正民法は令和5年4月1日から施行されます。

Q15

相続放棄②　熟慮期間の延長と単純承認

　　おじが亡くなり、私が相続人になるようです。遺産や債務の有無を調査していますが、生前、ほとんど交流をしていなかったので、財産の目星がつけづらく、相続財産の調査に3か月以上かかってしまいそうです。

　　相続放棄の期間を延長できるようなのですが、どのようにすればよいのでしょうか。

　　3か月以内に家庭裁判所に相続放棄の熟慮期間伸長の申立てをすると熟慮期間を延長してもらえます。期間が空きますが、その間に単純承認になるようなことをしてしまうと、相続放棄が認められない可能性がありますので注意をしてください。

解　説

1　熟慮期間延長

　　孤独死した被相続人の場合、財産や負債がどのくらいあるか全く分からないこともあります。財産調査（Q11～13）で解説したとおり、財産や負債の調査には相当の時間を要しますので、3か月間では単純承認するか相続放棄や限定承認とするかの判断がつかないということもあり得ます。

　　そのような場合、家庭裁判所に相続放棄の熟慮期間伸張の申立てをすることもできます。

　　この相続放棄の熟慮期間伸張の申立ても、当初の熟慮期間内に申し立てる必要があります。

　　伸張の期間については、私の経験上は、それより長い期間で申立てをしても3か月程度しか認められないことが多かったです。

　　なお、先日申し立てた例では、新型コロナウイルスによる緊急事態宣

【相続の承認又は放棄の期間伸長の申立て】

（1枚目）

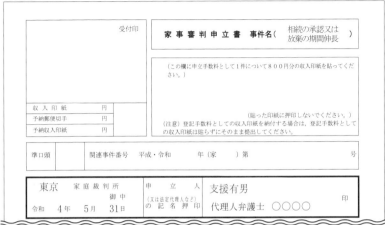

（2枚目）

申 立 て の 趣 旨

　申立人が、被相続人支援一郎の相続の承認又は放棄をする期間を令和4年10月22日まで伸長するとの審判を求めます。

申 立 て の 理 由

1　申立人は被相続人の甥です。

2　申立人は、令和4年4月22日に、相続が開始したことを知りました。

3　申立人は、被相続人の相続財産を調査していますが、現在もなお不明であるため、法定期間内に相続を承認するか放棄するかの判断をすることができません。

4　よって、この期間を3か月伸長していただきたく、申立ての趣旨のとおりの審判を求めます。

言により金融機関の窓口業務が縮小しており財産調査が進まないという理由で 6 か月の伸張が認められました。

伸張した熟慮期間内であれば、再度、熟慮期間伸張の申立てをすることも可能です。この場合、伸張した熟慮期間内に判断ができなかった理由の説明を求められることが多くあります。

2　単純承認事由

相続放棄の申述をする前に、相続人が相続財産の全部又は一部を処分してしまうと、単純承認したとみなされ、相続放棄はできなくなります（民法 921 条 1 号）。

相続をするかどうか考えている間は、相続財産の処分をしないように気を付ける必要があります。

①相続人が被相続人の債務を支払った場合

相続人が、自分の保険解約返戻金を原資として相続債務を支払った事例では、単純承認事由には当たらないと判断されています（福岡高決宮崎支部平成 10 年 12 月 22 日家月 51 巻 5 号 49 頁）。

②葬儀費用の支払

相続人が、被相続人の火葬費用や治療費残額を相続財産から支払った事例では、「遺族として当然なすべき被相続人の火葬費用ならびに治療費残額の支払に充てたのは、人倫と道義上必然の行為であり、公平ないし信義則上やむを得ない事情に由来するものであつて、これをもつて、相続人が相続財産の存在を知つたとか、債務承継の意思を明確に表明したものとはいえない」として、単純承認事由に当たらないと判断されています（大阪高決昭和 54 年 3 月 22 日家月 31 巻 10 号 61 頁）。

葬儀の規模によりますが、家族葬などの小規模の葬儀費用であれば、遺産から葬儀費用を出しても単純承認事由とされる可能性は低いと考えられます。他方で、大規模な葬儀を行い相当多額の出費をした場合には、単純承認になる可能性もありますので、葬儀費用は単純承認にならないなどと思い込み大規模な葬儀を執り行い、相続財産から出費するということは避けた方が無難です。

③形見分け

　　形見として背広上下、冬オーバー、スプリングコートと位牌を持ち帰り、時計・椅子2脚の送付を受けたという事例では、単純承認事由に当たらないと判断されています（山口地判徳山支部昭和40年5月13日家月18巻6号167頁）。

　　他方で、被相続人の遺品を形見分けしただけでは民法921条3号の「隠匿」には当たりませんが、被相続人のスーツ、毛皮、コート、靴、絨毯など一定の財産的価値を有する遺品のほとんど全てを自宅に持ち帰る行為については、法定単純承認となるという裁判例もあります（東京地判平成12年3月21日家月53巻9号45頁）。

　　財産の価値が乏しい形見分けであれば単純承認事由にならないのという解釈が一般的ですが、形見分けした財産の価値が高い場合には単純承認事由に当たると判断される可能性が高くなります。どこまでが財産的価値に乏しい形見分けか、どこからが形見分けを超えて単純承認になるかの基準は明確ではないので、形見分けをする際には注意が必要です。

④被相続人の有していた債権の取立て

　　相続人が、被相続人の有していた債権を取り立てて弁済を受領した事例では、単純承認事由に当たると判断されています（最一小昭和37年6月21日家月14巻10号100頁）。

⑤株主としての議決権の行使

　　株主として株主総会で議決権を行使した事例では、単純承認事由に当たると判断されています（東京地判平成10年4月24日判タ987号233頁）。

　　被相続人が100％株式を保有して会社を経営していた場合、後継者から遺族に対して、後任の取締役を選任する必要があるとして、株主総会議事録への署名をお願いされることがあります。しかしながら、株主総会議事録への署名は、議決権行使として単純承認事由とされ、相続放棄ができなくなる可能性があります。

　　被相続人が会社の経営者の場合、会社の金融機関からの借入れについて連帯保証債務を負っていることも多いのですが、単純承認となると連帯保証債務も承継してしまいます。万が一、後継者が引き継いだ

会社が破綻した場合、相続人が多額の債務を負ってしまう可能性があるので、特に注意が必要です。

　会社の従業員から、株主総会議事録に署名をしてもらえないと会社の経営が続けられないと懇願されて断るのは心苦しいのですが、相続放棄をするのであれば断るほかありません。

⑥保険金の受取

　生命保険など保険金の受取人が相続人の場合、保険金請求権は相続財産ではない（前掲山口地判徳山支部昭和 40 年 5 月 13 日）ので、保険金を受け取っても単純承認事由には当たりません。

　他方、医療保険や入院保険など保険金の受取人が被相続人であった場合には、保険金請求権は相続財産になるので、受け取ってしまうと単純承認事由と判断されてしまいます。

　相続放棄を考えている場合、保険金の請求は、保険会社に保険金の受取人が誰であるか、保険金請求権が相続財産か否かを確認してから行う方が無難です。

⑦遺族年金の受給

　遺族年金の受給は、国民年金法等に基づき支払われるもので、受給者固有の権利となり、相続財産には含まれません（最三小判平成 7 年 11 月 7 日民集 49 巻 9 号 2829 頁）。

　遺族年金を受給しても相続放棄は行えます。

⑧高額医療費の還付金

　医療費が一定額を超えた場合、超えた分の医療費が還付されるという制度があります。

　国民健康保険の場合、還付金は世帯主に支払われるので、還付金は世帯主であった被相続人の相続財産に含まれることになります。

　還付金を受け取った場合、単純承認事由に該当すると判断される可能性があるので、相続放棄を検討している場合、高額医療費の還付金申請は慎重に判断する必要があります。

　高額医療費の還付金申請は、死亡後に病院から遺族に案内があり、病院の手続と勘違いして行ってしまうこともあるので注意が必要です。

⑨相続人が遺産分割協議をした場合

　相続人が遺産分割協議をすれば、相続財産を処分したことになり、

原則として民法 921 条 1 項の単純承認事由に当たります。

　ただ、被相続人に多額の債務があることを知らずに遺産分割協議を行った事例では、「遺産分割協議が要素の錯誤により無効となり、ひいては法定単純承認の効果も発生しないと見る余地がある。」として、単純承認事由には当たらないという判断もあります（大阪高決平成 10 年 2 月 9 日家月 50 巻 6 号 89 頁）。

　相続放棄ができるかにより多額の債務を承継するかしないかが大きく異なるので、多額の債務を負ってしまうようなケースでは、諦めずに相続放棄申述をしてみるということも重要です。

3　専門家の関与

　このように単純承認に当たるか否かは微妙なものもあります。

　債務が多いので確実に相続放棄をしたいという場合は、弁護士や司法書士などの専門家に関与してもらい、自身がやろうとすることが単純承認に当たらないか相談をしながら亡くなった後の諸手続をする方がよいでしょう。

〈参考文献〉 **BOOK**

相続放棄ができる場合、できない場合については以下の書籍に詳しく載っていますので、参考にしてください。
雨宮則夫・石田敏明・近藤ルミ子編『相続における承認・放棄の実務Q&A と事例』（新日本法規出版、2013）

Q16

相続放棄③　3 か月経過後の相続放棄

　おじが亡くなった後 3 か月経過してから、おじに多額の借金があったことが分かりました。借金を相続したくないのですがどうすればよいですか。

　　借金を相続しないためには相続放棄という方法があります。相続放棄は原則として相続開始を知った日から 3 か月以内に家庭裁判所に相続放棄の申述をする必要があります。
　亡くなった日から 3 か月経過しても受理してもらえることも多いので、弁護士、司法書士などの専門家に相談した上で、相続放棄の申述をしてみてください。

解　説

1　熟慮期間の起算点

　相続放棄は、「自己のために相続の開始があったことを知った時」から 3 か月（熟慮期間）以内に手続をする必要があります（民法 915 条 1 項）。

　熟慮期間を超えると相続放棄はできなくなるので、いつから熟慮期間が進行するか、熟慮期間の起算点が極めて重要になります。

(1)相続人であることを知った時

　相続放棄をするかしないか考えるには、まず、自身が相続人であることを覚知していることが前提となります。そして、相続人であることを覚知していたといえるためには、具体的に相続人であることを覚知していることが必要とされています。

　被相続人が亡くなったことを知っていながら、法律の不知や事実誤認により自身が相続人であることを具体的に覚知していなかったようなケースでは、具体的に覚知するまでは熟慮期間が進行しないと判断されることもあります（大決大正 15 年 8 月 3 日民集 5 巻 679 頁、大阪高判昭和

51年9月10日家月29巻7号43頁）。

　私が関わったケースでは、相続放棄をするには家庭裁判所への申述を
する必要があることを知らず、自身は相続放棄により相続人でないと思
い込んでいたと誤信していたというケースで、法の不知により相続人で
あることを知らなかった可能性があるとして相続放棄の申述が受理され
たこともあります。法の不知についても比較的緩やかに解釈されている
ようです。

(2)相続財産がないと考えた場合

　自身が相続人であることを知りながら、相続財産がないと信じており
相続放棄は不要と考えていたようなケースもあり得ます。

　このような場合、相続人が3か月以内に限定承認、相続放棄をしな
かったのが、相続財産が全くないと信じたためであり、かつこのように
信じるについて相当な理由があると認められる場合には、熟慮期間は相
続人が相続財産の全部又は一部の存在を認識した時又は通常これを認識
しうべき時から起算するのが相当と判断されています（最二小判昭和59
年4月27日民集38巻6号698頁）。

2　死亡から3か月経過後の相続放棄の申述
(1)却下すべきことが明らかな場合以外は受理するとの運用

　相続放棄の申述の受理は、実質的には適式な申述がなされたことを公
証する手続とされています（最二小判昭和45年11月20日家月23巻5号
72頁）。

　家庭裁判所が相続放棄の申述を受理したとしても、相続放棄の実体要
件を備えていたことにはならず、債権者は相続放棄の実体要件を欠くこ
とについて、訴訟手続で争うことは可能です。

　これに対して、相続放棄の申述受理の申立てが却下された場合、相続
放棄が民法938条の要件を欠き、相続放棄をしたことを主張できなくな
り、相続人は回復し難い損害を被ることになります。

　このことから、家庭裁判所は却下すべきことが明らかな場合以外は相
続放棄の申述を受理すべきとの考え方が主流になっています。

　例えば、東京高決平成22年8月10日（家月63巻4号129頁）は「相
続放棄の申述がされた場合、相続放棄の要件の有無につき入念な審理を

することは予定されておらず、受理がされても相続放棄が実体要件を備えていることが確定されるものではないのに対し、却下されると相続放棄が民法938条の要件を欠き、相続放棄したことを主張できなくなることにかんがみれば、家庭裁判所は、却下すべきことが明らかな場合以外は、相続放棄の申述を受理すべきであると解される。」と判示しています。

(2)受理された例

　下記のとおり、3か月経過後であり、被相続人に財産があることを知っていたような事例であっても、相続放棄の申述が受理されたという例は多数あります。

- 相続人が、被相続人所有の土地があることを知っていたが、その土地に財産的価値がほとんどなかったという事例（東京高決平成19年8月10日家月60巻1号102頁）
- 次女が、被相続人である母所有の不動産があることを知っていたが、不動産は全て姉が相続し自らには相続する財産はないと信じていた事例（名古屋高決平成19年6月25日家月60巻1号97頁）
- 被相続人の死亡当時被相続人名義の不動産が存在していたことは認識していたものの、生前から被相続人名義の不動産の一切を長男が取得することで合意していたことから、被相続人名義の不動産が相続の対象となる遺産であるとの認識はなかったとされた事例（仙台高決平成7年4月26日家月48巻3号58頁）

(3)諦めずに申し立てることが重要

　上述のとおり、3か月経過後であり、被相続人に財産があることを知っていたような事例であっても、相続放棄の申述が受理されたという例は多数あるため、もし3か月経過後に債務の存在を知り相続放棄を考えたという場合、諦めて単純承認をしてしまうのではなく、相続放棄の申述を受理してもらえる可能性があるのであれば、申立てをしてみた方がよいと考えています。

　相続放棄の申述が却下され、それに不服がある場合には、却下の通知が届いてから2週間以内に高等裁判所に即時抗告することで、改めて判断を求めることが可能です。

Column

相続放棄の効果

　Q14のとおり、家庭裁判所が相続放棄申述を受理したとしても、それにより相続放棄の効果が確定するわけではなく、相続放棄申述受理は、あくまで家庭裁判所が申立人の相続放棄の申述を受理したということを示すのみで、相続放棄の有効性には影響がありません。

　したがって、相続放棄が受理されたといっても、債権者は相続放棄の効力が生じないとして争うことは可能です。

　もっとも、相続放棄の申述が受理されれば、事実上請求をしてこないという債権者も多いというのも実情です。それには、相続放棄が受理されていることが分かれば、債権者としても社内での処理がしやすいため、そのまま請求をしてこないという事情もあるかと思います。

　そのため、相続放棄が受理される可能性があるのであれば、諦めずに申立てをしてみることが重要なのではないかと考えています。

〈参考文献〉 BOOK

相続放棄ができる場合、できない場合については以下の書籍に詳しく載っていますので、ご参考にしてください。

雨宮則夫・石田敏明・近藤ルミ子編『相続における承認・放棄の実務Q&Aと事例』（新日本法規出版、2013）

Q17

限定承認

おじが亡くなり、私が相続人になります。

おじには相続財産があることは分かっているのですが、生前にあまり交流をしていなかったので、もしかしたら負債があるのではないかと思い、相続をしてしまってよいものか悩んでいます。

相続財産の限度で債務を相続する限定承認という制度があるのをインターネットで知ったのですが、限定承認をしてよいものか注意点を教えてください。

 限定承認は、相続放棄と同様、相続の開始を知った日から3か月以内に行う必要があります。単純承認事由がある場合には限定承認はできなくなります。

また、限定承認は、相続放棄と異なり相続人全員で行う必要があるほか、手続や税務面でも複雑であり、限定承認という方法を選択するかについては慎重な検討が必要です。

解　説

1　限定承認とは

限定承認とは、相続人が遺産を相続するときに債務は相続財産を責任の限度と留保して相続をすることをいいます（民法922条）。

相続によって得たプラス財産の限度において、被相続人の債務などのマイナスの財産を相続するので、もしマイナスの財産が多くても、相続人がもともと持っていた財産で債務を弁済する必要はありません。もし、プラスの財産の方が多ければ、相続財産をもって負債を弁済した後、余りが出ればそれを相続できます。

このように、限定承認をすれば、負債の有無や額が分からない相続の場合、負債があっても相続財産の範囲内で弁済すればよくなります。

もし財産の方が多ければ財産を相続でき、一見して損がない制度なので、それであればみんな限定承認を選択するはずです。

しかしながら、令和元年度の司法統計によると、相続放棄申述受理の申立てが22万5,415件であったのに対し、限定承認申述受理の申立ては657件と極めて少ないというのが実情なのです。

これは、以下に述べるとおり、限定承認は手続や税務処理が複雑であり、利用が敬遠されているという理由です。

2　熟慮期間、単純承認事由

限定承認も、相続放棄と同様、限定承認の期限は相続の開始を知った日から3か月以内に被相続人の最後の住所地の家庭裁判所に対して限定承認の申述をする必要があります（民法924条、915条1項、家事事件手続法201条1項）。

また、相続放棄と同様、限定承認の申述をする前に、相続人が相続財産の全部又は一部を処分してしまうと、単純承認したとみなされ、限定承認はできなくなります（民法921条1号）。

なお、3か月以内にどの相続方法を選べばよいか決められない場合は、熟慮期間の伸長を申し立てることもできます（民法915条1項ただし書）。熟慮機関の伸長について詳しくは、Q15（相続放棄②）をご参照ください。

3　相続人全員で行う必要がある

相続放棄は一人でも行えますが、限定承認は相続人全員が共同で行う必要があります（民法923条）。

相続人のうち一人でも協力してくれない人がいる場合には、限定承認を行うことができません。

ただ、相続放棄をした場合には、相続放棄をした者は最初から相続人とはならなかったものとみなされますので（民法939条）、相続放棄をした人を除いた全ての相続人が限定承認を希望しているのであれば、限定承認の申述は可能です。

なお、共同相続人が生死不明で一緒に申述ができないという場合、生死不明者について不在者財産管理人を選任し、不在者財産管理人と他の

【限定承認申立書例】

（1枚目）

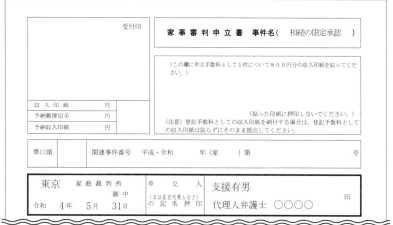

（2枚目）

申　立　て　の　趣　旨

被相続人の相続につき、限定承認します。

申　立　て　の　理　由

1　申立人は被相続人の甥です。

2　申立人は、令和4年4月22日に、相続が開始したことを知りました。

3　被相続人には、別添の遺産目録記載の遺産がありますが、相当の負債も
　あるらしく、申述人は相続によって得た財産の限度で債務を弁済したいと考え
　ますので、限定承認をすることを申述します。

遺産目録

〈省略〉

相続人で限定承認の申述をすることができます。

　これらのことからすると、限定承認は、共同相続人のうちの一人が単純承認をしたいと希望している場合にはできませんが、そもそも共同相続人の一人は相続放棄を希望しているという場合にはその人に放棄をしてもらうことで、限定承認の申述はすることが可能です。

4　限定承認後の清算手続

　限定承認をした場合、勝手に遺産の中から債権者に弁済をしていくというわけにはいきません。

　法で定められた手続に沿って清算手続をしていく必要があります。

①相続財産管理人の選任

　複数の相続人で限定承認をする場合は、申述の受理と同時に相続財産管理人が選任され、相続財産管理人が清算手続を行うことになります（民法936条1項）。

　限定承認をした相続人が一人の場合、その人が清算手続を行っていくことになります。

②公告、催告

　相続人が家庭裁判所に限定承認の申述を行った後は、5日以内に全ての相続債権者及び受遺者に対し、2か月以上の期間を定めて限定承認をしたこと及び債権の請求をすべき旨の公告（官報掲載）公告を行い（民法927条）、知れている債権者には個別に催告を行う必要があります。

　官報公告は、法定の期間内（限定承認者の場合は5日以内、相続財産管理人の場合は選任後10日以内）に行う必要があります（民法936条3項）。

　受理の審判後すぐに官報に掲載する必要があるので、官報公告の文案や官報公告の手順については、事前に準備をしておいた方がよいでしょう。

③換価

　限定承認をした場合、換価についてもルールが決められており、限定承認者や相続財産管理人が好きに不動産を売って換価したり、不動産は居住し続けたいから売却をせずに持ち続け預貯金から弁済をした

りするという自由な処分はできません。

　債権者からすれば引当てとなるのは相続財産だけですから、自由に相続財産を処分してよいとすると適正な価格で財産が処分されずに満足な債権回収ができなくなるおそれがあります。

　そのため、限定承認手続においては、財産の換価手続は「競売に付さなければならない。」と定められています（民法932条）。

　ただし、先買権といって、相続財産の全部または一部について、家庭裁判所が選任した鑑定人の評価に従い価額を弁済することにより、競売を止めることは認められます（民法932条ただし書）。

　先買権を利用すれば、不動産は第三者に売却せずに相続したいという要望をかなえることが可能です。

　換価の際には、限定承認手続専用の銀行口座を作成するなど、自身の財産と相続財産とが混ざってしまわないような配慮した方がよいでしょう。

④弁済

　官報公告の申出期間が過ぎたら、先取特権や抵当権などの優先権がある債権者、一般の債権者、受遺者（遺言書で遺産を遺贈された人）の順番に弁済をしていきます。相続財産で全債務を完済できない場合は、同一の優先順位の範囲内の債権者に対し、債権額の割合に応じて弁済することになります。

⑤残余財産を相続人が受け取る

　債権者や受遺者に弁済をしても財産が余った場合、ようやく相続人がその財産を受け取ることができます。

5　みなし譲渡課税

　限定承認の手続を行った場合、税法上では、被相続人が相続人に対して、財産を時価で譲渡したとみなされてしまいます（所得税法59条1項1号）。

　そのため、購入時よりも値上がりしている土地や株式、そもそも取得価格も分からないような先祖代々の土地などは、時価と取得価格の差額がみなし譲渡所得となり、所得税が課せられてしまいます。

　相続人は被相続人の所得税について、相続の開始を知った日の翌日か

ら4か月以内に準確定申告をする必要があります。

　限定承認の場合、不動産を第三者に売却して実際に現金を得ているわけではないので、限定承認をしただけでみなし譲渡所得が課せられてしまう点で、単純承認に比べて不利益があります。

　明らかに資産の方が多く、また不動産は売却せずに所有し続けるという場合には、所得税の分だけ被相続人が損をしたことになってしまいます。

6　限定承認の実例

　このように限定承認は、手続が煩雑である、税務面でデメリットがあるという理由もあってほとんど利用されていません。

　しかし、相続債務があるかどうか分からないという場合には、有力な手段の一つであることはいうまでもありません。

　孤独死した方の相続の場合、縁が遠く、どのような負債があるかも全く検討もつかず、資産があるのは分かっているので相続はしたいが、後で負債が出てきたら困ると考える方はいます。

　遺産が現金・預貯金のみで、今のところ相続債務は見つかっていないような場合には、そこまで手続が複雑にはなりませんので、全ての相続人で意思統一ができるのであれば、限定承認をしてみるということも検討してよいかと思います。

〈法改正・相続財産清算人〉

　所有者不明土地問題解決を図る民法・不動産登記法等の改正に伴い、相続財産管理人は、相続財産清算人となります（改正後民法952条）。

　改正民法は令和5年4月1日から施行されます。

Q18

相続人が不存在の場合（相続財産管理人）

　　遠縁の親族が自宅で孤独死をしたらしく、警察から私に連絡がありました。
　　相続人が誰もいないのですが、故人は賃貸アパートを所有しており、そのままにするわけにもいかずに困っています。相続人が誰もいない場合、相続財産はどうなってしまうのでしょうか。

　　相続人が誰もいない場合、原則として遺産は国庫に帰属します。
　　ただ、自動的に国庫に帰属するわけではないので、裁判所に相続財産管理人を選任してもらい、相続財産管理人が国庫に帰属させるための手続を行うことになります。
　　相続財産管理人が選任されず、事実上遺産が放置されているというケースもあります。

解　説

1　相続人がいない場合

　法定相続人には、被相続人の配偶者、直系卑属、直系尊属、兄弟姉妹等が該当します（Q1参照）。

　被相続人が独身または配偶者に先立たれ、両親はすでに亡くなっており、兄弟姉妹も甥・姪もいないという場合には、相続人不存在となります。

　相続放棄をすると初めから相続人とならなかったとみなされますので、相続債務が明らかに多いなどの理由で相続人全員が相続放棄をしてしまった場合、相続人がいないということになります。

　孤独死の遺族の相談を受けていますと、どちらかというと後者、すなわち相続人はいたのですが、資産が乏しかったり負債があったりと相続

するメリットがないので全員が相続放棄をし、その結果相続人が誰もいなくなったというケースの方が多いと感じています。

2　相続財産の国庫帰属財産額

相続人の財産は、最終的には国庫に帰属されることになります（民法959条）。国庫に帰属した遺産は、裁判所の歳入として計上されるので、裁判所の決算から確認することが可能です。

婚姻件数の低下や出生率の低下により相続人がいないというケースは増えており、国庫帰属する遺産額は増加傾向にあります。

平成21年の国庫帰属財産額は約181億円でしたが、平成30年には、約627億円となっており、急増していることが分かります。

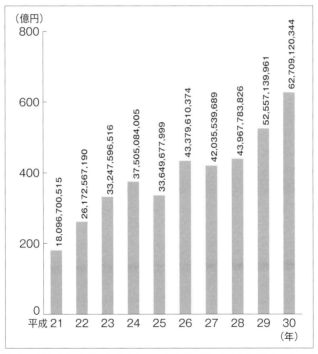

（出典・最高裁判所「一般会計歳入予算概算見積（現金収入）」を加工して作成）

【家事審判申立書（相続財産管理人選任）】

（1枚目）

（2枚目）

申　立　て　の　趣　旨
被相続人の相続財産管理人を選任するとの審判を求めます。

申　立　て　の　理　由

1　申立人は被相続人のいとこにあたる者です。

2　被相続人は、令和 4 年 4 月 22 日に死亡し、相続が開始しました。

3　被相続人には相続人がいません。また、今のところ遺言も見つかっていません。

4　申立人は、被相続人の自宅で遺言を探した際に現金 100 万円を発見したため、預かり保管しています。

申立人が管理している現金を引き継ぐ先もなく、被相続人が所有していた不動産の処分もできないため、申立ての趣旨のとおり審判を求めます。

財産目録

〈省略〉

3　相続財産管理人選任

(1)相続人の存在、不存在が明らかでないとき、相続人全員が相続放棄をして、結果として相続する者がいなくなったとき、家庭裁判所は、申立てにより、相続財産の管理人を選任します（民法952条）。

　　相続財産管理人は申立てがあって初めて選任されるため、誰も申立てをしなければ相続財産管理人は選任されません。

　　相続財産管理人の選任申立てをすることができるのは、被相続人の債権者、特定遺贈を受けた者、特別縁故者などの利害関係人や検察官です。

　　相続人がいない放置された不動産がある場合、市町村は固定資産税の債権者になるので、市町村も相続財産管理人選任の申立てができると考えられます。また、そのような場合、市町村から検察庁に対し、相続財産管理人選任申立てを事実上要請するという例もあるようです。

　　申立ては、被相続人の最後の住所地の家庭裁判所に対して行います（家事事件手続法3条の11第3項）。

(2)相続財産管理人が選任されるとき、遺産の額が少なく相続財産管理人の作業経費や報酬が出ない場合に備えて、一定額をあらかじめ納めるように要求されることが通常です。予納金の金額は、事案の内容に応じて家庭裁判所が決定するとされています。

　　ただ、私が申し立てたケース（東京家庭裁判所や横浜家庭裁判所）では現預金が数千万円あり十分な遺産があると考えられるケースでも一律100万円の予納を求められました（相続財産管理人の業務が終了した時点で、十分に遺産があり、遺産から相続財産管理人の報酬や経費の支払いができる場合には予納金は返ってきますが、あらかじめ100万円納めないといけないという手続は、申立人にとって負担となります。）。

(3)相続財産管理人が選任されると、家庭裁判所は、相続財産管理人が選任されたことを知らせるための公告をします（民法952条2項）。

　　その公告から2か月が経過してから、相続財産管理人は、相続財産の債権者・受遺者を確認するための公告をします（民法957条1項）。

　　さらに、その公告から2か月が経過してから、家庭裁判所は、相続財産管理人の申立てにより、相続人を捜すため、6か月以上の期間を定めて公告をします（民法958条）。期間満了までに相続人が現れなければ、相続人がいないことが確定します。

その公告の期間満了後、3か月以内に特別縁故者に対する相続財産分与の申立てがされることがあります（特別縁故者に対する相続財産分与の申立てはQ19を参照してください。）。

相続財産管理人が被相続人の不動産や株式を売却し、金銭に換え、債権者や受遺者への支払、特別縁故者に対する相続財産分与の審判に従って特別縁故者に相続財産を分与し、相続財産が残った場合は、相続財産を国庫に引き継いで手続が終了します。

⑷遺産の買取りや形見分け

相続財産管理人が選任された場合、親族が故人の遺産を承継する機会が一切ないわけではありません。

まず、有償物については、相続財産管理人は公正な時価で売却する必要があります。不動産などは不動産鑑定をした上で、公正な時価での売却を試みます。公正な時価であれば遺族や近親者に売却をすることに支障はないので、取得を希望する場合、相続財産管理人にその旨申し出ておくとよいでしょう。

次に価値のないものの形見分けですが、相続財産管理人としても全ての動産を処分するのであれば、処分価値がない動産については親族や近親者に形見分けをした方が処分の手間が省けます。相続財産管理人は、形見分けの希望をすれば、物によっては家庭裁判所から無償譲渡の許可を得た上で、形見分けをしてくれることがあるでしょう。

4　事実上の放置

上述のとおり、相続財産管理人選任申立てには高額な予納金が必要になるケースが多いという弊害があります。

全員が相続放棄をするような案件では、資産に乏しく相続財産管理人の選任申立てをするメリットがある人がいないということもままあります。

また、被相続人の債権者側からしてみても、回収可能な財産が分かっている場合、相続財産管理人選任申立てをするよりも、特別代理人選任申立てをし訴訟や強制執行をした方が費用が抑えられ、また優先的に回収ができるので、わざわざ相続財産管理人の選任申立てをしないということもあります（特別代理人についてはQ39を参照してください。）。

　このように相続人がいないが、誰も相続財産管理人選任申立てをせず
に、事実上遺産が放置されているケースも、相当数あるのでないかと思
われます。

　なお、相続放棄をしたからといって全ての責任を免れるわけではな
く、自己の財産におけるのと同一の注意義務による管理は継続しなけれ
ばならないとされているので注意が必要です（民法 940 条 1 項）。

〈法改正・相続財産管理人〉

①相続財産管理人の公告期間の短縮

　所有者不明土地問題解決を図る民法・不動産登記法等の改正に
伴い、相続財産管理人は、相続財産清算人となります。

　また、長期の公告期間が必要である点が改正され、選任公告と
相続人捜索の公告を同時に行うものとし、その期間が 6 か月以上
となります（改正民法 952 条 2 項）。また、相続債権者、受遺者に
対する催告も、相続人捜索公告の期間内に満了しなければならな
いとされます（改正民法 957 条）。

②相続放棄後の管理責任の減縮

　現在は、相続放棄をした者も、放棄後に自己の財産におけるの
と同一の注意義務が課せられていますが、改正民法では、相続放
棄時に現に占有していた場合のみ、その財産を保存しておく義務
を負うのみとなります（改正民法 940 条 1 項）。

　そのため、相続放棄がしやすくなります。

　改正民法は令和 5 年 4 月 1 日から施行されます。

第1章

Q19

特別縁故者に対する財産分与

　兄弟同然の付き合いをしていたいとこが孤独死したらしく警察から連絡がありました。相続人は誰もおらず葬儀なども私が行ったのですが、相続人が誰もいない場合、相続財産は国庫に帰属してしまうと聞きました。いとこには結構な財産があるのに国庫に帰属してしまうのはもったいないと思いますので、私が特別縁故者として財産分与を受けようと思います。

　いとこでも特別縁故者として認められるものでしょうか。また特別縁故者として財産分与を受けるにはどのようにすればよいのでしょうか。

　いとこというだけで特別縁故者として認められるかは微妙ですが、兄弟同然の付き合いがあったのであれば、特別縁故者として認められる可能性は十分にあります。

　特別縁故者として財産分与を申し立てたい場合、相続財産管理人が選任され、相続人捜索の公告期間満了後である必要があるので、まず家庭裁判所に対して、相続財産管理人選任申立てをし、時期がきたら特別縁故者に対する財産分与の申立てをするという流れになります。

解　説

1　特別縁故者に対する財産分与

　相続人の存否が不明の場合に家庭裁判所により選任された相続財産管理人が被相続人の債務を支払うなどして清算を行った後、家庭裁判所の相続人を捜索するための公告で定められた期間内に相続人である権利を主張する者がなかった場合、被相続人と特別の縁故のあった者は、裁判所に対して、清算後残った相続財産の全部又は一部を分与するように請

求することができます（民法 958 条の 3 第 1 項）。

　特別縁故者の財産分与請求は、相続と違って当然に発生するものではありません。自身が特別縁故者に当たると考え財産分与を希望する者が、裁判所に対して、特別縁故者に対する財産分与の申立てを行い、特別縁故者に当たり、財産分与をするのが相当と認めてもらう必要があります。

2　特別縁故者として認められる者

　法は、特別縁故者として、被相続人と生計を同じくしていた者、被相続人の療養看護に努めた者、その他被相続人と特別の縁故があった者を挙げています（民法 958 条の 3 第 1 項）。

(1)被相続人と生計を同じくしていた者

　同一の家計で生活をしていた者は特別縁故者に当たります。

　同居をしていればもちろん、仕事や療養などの事情で別居をしていても生活費の負担などをしている場合も、生計が同一と認められる例もあります。

　内縁関係にある人や事実上の養子などがこれに当たります。

(2)被相続人の療養看護に努めた者

　被相続人の介護や看護をした場合がこれに当たります。ただし、親族の場合、親族として通常なすべきような相互扶助・協力を超えるような寄与、功労が必要という例もあり、単に風邪をひいた時に看病をした、入院をした際にお見舞いに行った程度の関わり合いでは認められない可能性もあります。

　療養看護は病院や老人ホームが行っていたとしても、周辺部分を行っていれば、療養看護に尽力していたと認められる例もあります。

　大阪高決平成 20 年 10 月 24 日（家月 61 巻 6 号 99 頁）は、8 年間で 39 回病院に面会に行き、一時外出に付き合ったりしていたという例で特別縁故者と認めています。39 回というと多いと思うかもしれませんが、1 年当たり 5 回以下ですので、シーズンごとに面会に行っていた程度も特別縁故者として認められ得るともいえます。

　また、対価を得て介護や看護に当たった看護師や介護士、家政婦などは原則として特別縁故者には当たりませんが、対価としての報酬以上に

献身的に看護に尽くしたとして、付添い看護婦として雇用されていた者が特別縁故者と認められた例もあります（神戸家審昭和 51 年 4 月 24 日判時 822 号 17 頁）。

(3)その他被相続人と特別の縁故があった者

　上記の二者には該当しないもののそれらと同じくらい密接な関係にあったものをいいます。

　特別縁故者の範囲は、親族だけでなく、友人や市などの地方公共団体や勤務先などの法人も認められます。

　私見ですが、関与の程度に応じて分与される財産額が調整される分、関与の程度がそこまで高くなくても特別縁故者として認められると考えます。

　実際に特別縁故者として認められた例は、以下のとおり相当多岐にわたります。

　特別縁故者に対する財産分与の申立てをして、仮に特別縁故者として認められなかったとしても、もともと分与されない財産ですので、特段損失が生じるわけではありません。一定程度の縁故があるのであれば、諦めずに特別縁故者と主張してもよいのではないかと考えています。

①親族関係がある事例

- 五親等離れた親族が、故人の生活の援助をしており、1〜2 年前からは毎月一定額の生活費を仕送りしていたという経済的な援助をしていた事例（前掲神戸家審昭和 51 年 4 月 24 日判時 822 号 17 頁）
- 経済的な援助はしていないが、従兄弟が、幼少期から身近な親族として絶えず交際をしており、死亡後の葬儀、納骨、法要も遺族同様の世話をしていた例（大阪高決昭和 45 年 6 月 17 日家月 22 巻 10 号 94 頁）

②親族関係がない事例

- 故人の勤務していた会社の代表者が、故人に家屋を購入し、かつ 10 年以上にわたり故人の家計を援助していた事例（大阪家審昭和 41 年 5 月 27 日家月 19 巻 1 号 55 頁）
- 教師をしていた故人の元教え子が、50 年以上交流をもち、医療費の立替えをした事例（大阪家審昭和 38 年 12 月 23 日家月 16 巻 5 号 176 頁）

③地方公共団体
- 故人に対し生活保護を実施し、死後に葬祭を行った市が特別縁故者として認められた事例（浦和家審秩父支部平成2年6月15日判時1372号122頁）
- 32年間にわたって市立小学校の校務員として勤務し、多くの児童に慕われ、多数の教師とも交流が深いとして市が特別縁故者として認められた事例（大阪家審昭和51年12月4日家月29巻6号42頁）

④その他法人
- 30年間にわたって故人が勤務していた社会福祉法人が故人の死亡に当たってその葬儀を主宰していた事例（松江家審昭和54年2月21日家月31巻10号84頁）
- 故人が無縁墓とならないよう永代供養料を上納した上で往生を遂げたいと希望を述べていたが突然病に倒れて亡くなったとして菩提寺が特別縁故者として認められた事例（東京家審昭和40年8月12日家月18巻1号96頁）
- 殺人未遂事件を起こした故人が出所後、死亡するまでの間、更生保護事業を目的としている公益法人の施設に居住してその援護を受けていた事案で公益法人が特別縁故者として認められた事例（大津家審昭和52年9月10日家月30巻2号141頁）
- 身寄りのない故人としては機会があれば世話を受けた老人ホームに贈与遺贈をしたであろうと推認されるとして、法人格を有しない老人ホームが特別縁故者として認められた事例（那覇家審石垣支部平成2年5月30日家月42巻11号61頁）

⑤死後の縁故

死後の縁故（死亡後に葬儀や墓守をする）というだけでは認められないこともありますが、熊本家審昭和47年10月27日（家月25巻7号70頁）、岡山家審備前出昭和55年1月29日（家月32巻8号103頁）など死後の縁故だけでも特別縁故が認められた例はあります。

3　分与される金額

特別縁故者として認められたとしても、相続財産の全部を取得できるとは限りません。故人との縁の程度に応じて、裁判所が取得できる財産

の割合を決定します。

　高松高決昭和 48 年 12 月 18 日（家月 26 巻 5 号 88 頁）は、被相続人と特別縁故者との縁故関係の厚薄、度合い、特別縁故者の年齢、職業等や、相続財産の種類、数額、状況、所在等一切の事情を考慮して、分与すべき財産の種類、数額等を決定すべきとしています。

　分与額を定めるには様々な事情が考慮されるので、どの程度の割合が認められるかは、率直にいって見通しを立てるのは難しいです。

　私が関与していた案件でも、内縁の妻として長期間同居し、闘病生活を看護していたにもかかわらず、50％しか分与されなかった例もあります。

4　申立ての方法

　特別縁故者として相続財産の分与を受けるためには、特別縁故者が被相続人の最後の住所地の家庭裁判所に対して、特別縁故者に対する財産分与の申立てをする必要があります。

　申立ての期間は、相続財産管理人が相続人を捜索するための公告をし、公告期間満了後 3 か月以内となっています（民法 958 条の 3 第 2 項、改正後は 958 条の 2 第 2 項）。

　このように特別縁故者に対する財産分与請求は、相続財産管理人が選任されていることが前提の手続となります。相続財産管理人が選任されていない場合、特別縁故者は、相続財産管理人選任の申立てをすることができます。

　特別縁故者に対する相続財産分与の申立てを行うと、特別縁故者かどうかの調査があります。介護施設の面会簿、経済的援助が分かる領収書や振込の控え、手紙、日記、写真、生前の交流についてまとめた陳述書などを資料として提出するとよいでしょう。

　家庭裁判所や相続財産管理人から事情を聞かれることもあります。特別縁故者に対する相続財産の分与の申立てについての審判をする場合には、家庭裁判所は、相続財産管理人の意見を聴かなければならないとされています（家事事件手続法 205 条）。

　なお、特別縁故者が複数いる場合には、手続は併合されることになっています（家事事件手続法 204 条 2 項）。

審判が出ると審判書が送付されます。

不服申立て（即時抗告、家事事件手続法206条1項）期間が満了すると、相続財産管理人から申立人（または代理人弁護士）に送金先の問合せがあるかと思います。

相続財産管理人に対して振込口座を伝えると審判で認められた金額が送金されます。

5　税金

特別縁故者が相続財産分与を受けた場合には、遺贈により取得したとみなされ相続税の対象となります（相続税法4条1項）。

相続税の基礎控除額を超える場合には相続税の申告が必要となります。

特別縁故者は、被相続人の一親等の血族には当たらないため、相続税額に2割が加算されます（相続税法18条）。

申告は被相続人の最後の住所地を所轄する税務署で行います。

申告期限は、審判が確定し相続財産の分与を受けたことを知った日の翌日から10か月以内となります（相続税法29条1項）。

Column

簡易生命保険の「遺族」と特別縁故者

　郵政民営化前の平成 19 年 9 月 30 日以前に契約した簡易生命保険において、保険金受取人が死亡または未指定の場合、受取人は被保険者の「遺族」になるとされています（簡易生命保険法 34 条 1 項 2 号）。

　そして、遺族は、配偶者（事実婚を含みます。）、子、父母、孫、祖父母、兄弟姉妹、被保険者の死亡当時被保険者の扶助によって生計を維持していた者、被保険者の生計を維持していた者とされています（同条 2 項）。

　遺族に当たるような方がいない場合、保険金受取人がいないことになってしまいます。

　保険金を受け取る人がいない場合、死亡保険金は保険金受取人固有の権利であり相続財産に含まれませんので、相続財産管理人の管理も及びません。

　その結果、遺族が存在しない場合、保険金が誰にも支払われず、その保険金は他の加入者の配当原資に充てられてしまうというケースもあるようです。（特定非営利活動法人消費者支援機構関西ホームページ　2020.2.10【注意喚起】「簡易生命保険契約に関するご注意」）

　この点、私が関わったケースでは、六親等以上離れた法律上の親族ではなく、また生計維持のための経済的援助もしていなかった方ですが、特別縁故者として故人の生活維持に協力し、精神的なサポートもしていたことを説明し、「遺族」として認めてもらい、保険金の支払がされたことがあります。

　「扶助」や「生計」は必ずしも経済的な意味合いだけではありませんので、諦めずに請求をしてみるとよいかと思います。

〈参考文献〉 BOOK
特別縁故者に当たる例、当たらない例については、以下に詳しく載っていますので、ご参考にしてください。
北岡秀晃・末永京子他『特別縁故者をめぐる法律実務』（新日本法規出版、2014）

Q20

相続税等について

　　相続が発生したときは、どのような申告が必要でしょうか。また、相続人が多く、調査が難航しており、一部の相続人との連絡が取れないうちに10か月が経過してしまいそうです。相続人の一部と連絡がつかず、遺産分割協議もできていないのですが、相続税の申告はどうすればよいのでしょうか。

　　相続が発生した場合、準確定申告、相続税申告が必要となることがあります。

　　税金については、準確定申告が相続開始を知った日から4か月、相続税が10か月と申立期限があるので、心配な方はすぐに税理士に相談をした方がよいでしょう。

　　なお、遺産分割協議ができていなくても申告は可能ですし、他の相続人と連絡がとれていなくても単独で申告が可能です。

　　孤独死の場合、相続財産が分からず調査に時間を要したり、相続人が多くなりその一部と連絡がつかなかったりという事態は生じやすいといえます。申告期限が近づいてから依頼してもできることが限られてくるため、早めに税理士に相談することをお勧めします。

解　説

1　準確定申告

(1)死亡した人の所得税については、相続人が、1月1日から死亡した日までの所得について申告、納付しなければなりません。これを準確定申告といいます。

　　準確定申告は、相続の開始があったことを知った日の翌日から4か月

以内に行う必要があります。申告と納税をしなければなりません（所得税法 125 条）。

⑵準確定申告は、被相続人に所得があった場合のみする必要があるので、所得がない方については申告は不要です。

　　準確定申告が必要な主なケースは以下のとおりです。

> • 会社からの給与収入が 2000 万円を超えていた場合
> • 公的年金等による収入が 400 万円を超えた場合
> • 事業所得、不動産所得、一時所得、雑所得など給与所得、退職所得以外の所得の合計額が 20 万円を超えていた場合
> • 2 か所以上から給与をもらっていた場合

　　なお、相続人が 2 人以上いる場合、各相続人等が連署により準確定申告書を提出することになります。ただし、他の相続人等の氏名を付記して各人が別々に提出することもできます。この場合、当該申告書を提出した相続人等は、他の相続人等に申告した内容を通知する必要があります。

2　相続税

⑴相続税は、相続の開始があったことを知った日の翌日から 10 か月以内に申告、納付をする必要があります（相続税法 27 条）。

　　相続税には基礎控除があり、基礎控除を下回る財産しかない場合には、申告は不要です。

　　相続税の基礎控除額は、3,000 万円＋（600 万円×法定相続人の数）となります。

　　例えば、法定相続人が 3 人いる場合、3,000 万円＋（600 万円×3 人）で相続税の基礎控除額は 4,800 万円となります。

　　この場合、遺産の合計額が 4,800 万円以下であれば相続税の申告と納税をする必要はありません。

⑵遺産分割未了の場合

　　遺産分割が未了であっても、相続の開始があったことを知った日の翌日から 10 か月が経過すれば相続税の申告期限が過ぎたことになり、申

告をしないと延滞税や無申告加算税などのペナルティが課される可能性
があります。

　そのため、遺産分割未了であっても相続税申告を行わなくてはなりま
せん。

　この場合、法定相続分で相続したと仮定して申告・納税を行うのが通
常です。

　そして、遺産分割協議が成立したら、改めて修正申告を行い、税額を
調整することになります。

(3)単独申告

　相続税の申告は、複数の相続人がいる場合、連名で申告することが多
いですが、原則は単独申告です（相続税法62条）。

　他の相続人と連絡が取れない場合、単独や連絡が取れている相続人だ
けで申告をすることが可能です。

(4)税理士への相談

　遺産の評価については時価とは異なりますし、生命保険など遺産分割
の対象にはなりませんが相続税の計算には含むものもあります。

　また、相続税は期限に遅れた場合や過少申告となってしまった場合の
ペナルティも重いので、適切な申告をする必要があります。

　相続税がかかりそうな場合には、必ず税理士に相談した方がよいで
しょう。

第2章

孤独死をめぐる諸問題

Q21

遺体発見のきっかけ

　一人暮らしの高齢の友人がいるのですが、ここのところ連絡が付きません。

　心配で自宅まで会いに行ったのですが、インターホンを押しても応答がありません。

　鍵も閉まっており、何となく異臭がするような気がします。

　安否が心配なのですが、どのようにすればよいのでしょうか。

　警察に連絡をして立ち合いしてもらうことをお勧めします。自治体によっては、通報窓口を用意していることもありますので、役所の高齢者に関する部署にも電話をして、相談しましょう。

　マンションやアパートの場合、管理人や管理会社にその旨声を掛けてください。

　ただ、直ちに建物内を確認してもらえないこともありますので、その場合は、日を改めて訪問して、状況が変わっていないようでしたら、その旨を伝えて、再度、建物内の立入り確認を要請してみてください。

解　説

1　遺体の発見の端緒

　一人暮らしの高齢者と連絡が取れず、自宅に行きインターホンを押してみても応答がないという場合、中に入って確かめた方がよいのか迷うこともあるかと思います。

　千葉市孤独死通報制度やさいたま市要支援世帯の早期発見のための通報等ガイドラインのように各自治体が通報制度や通報マニュアルを設けていることもありますので、お住まいの自治体にそのような窓口がない

か調査をしてみてください。

　参考までに、さいたま市のガイドラインでは、発見、通報の基準例「外観から見た異変」として、以下の事情を挙げています。

- 郵便物や新聞が、ポストに溜まっている状態が続いている。
- 同じ洗濯物が、干されたままの状態が続いている。
- 夜なのに、室内の電灯が点いていない状態が続いている。
- 日中なのに、室内等の電灯が点いている状態が続いている。
- 雨戸が閉まったままの状態が続いている。
- 玄関のドアなどが、開いたままの状態が続いている。
- 通勤・通学用の自転車等が、使用されていない状態が続いている。
- 検針票をいつも手渡す人に、会えない状態が続いている。
- 庭の手入れやゴミの処理がされていない状態が続いている。
- 各種メーターの増減が通常時より極端な状態である。
- ペットの様子がいつもと異なる。（衰弱している、凶暴化している等）
- 異臭・異音がする状態である。
- その他

（出典：さいたま市要支援世帯の早期発見のための通報等ガイドライン）

第2章

2　警察への通報

　自宅内で亡くなっていることが疑われても、当然のことながら、勝手に窓を割って入ってはいけません。器物損壊罪や住居侵入罪に該当する可能性があります。

　賃貸不動産の場合、賃貸人や管理会社が鍵を持っている可能性が高いですが、まずは警察に連絡をしてみるのがよいでしょう。

　警察が臨場してくれた場合には警察に任せることになります。

3　警察が来てくれない場合

　警察から賃貸人や管理会社に連絡をしてもらうようにとの指示であれば、賃貸人や管理会社に、入居者が死亡している可能性があること、その旨警察に連絡をしたら管理会社に連絡をするように言われた旨を伝えます。

賃貸人や管理会社が住居の鍵を開けてくれ、住居内を確認し、遺体があれば警察に通報します。住居内への立入りは、後々のトラブルを防ぐため複数人で入ることがよいでしょう。

万が一、遺体を発見してしまった際は、決して遺体に触れないようにしてください。事件性がある場合、遺体の状況を変化させると捜査に支障がありますし、正当な理由がなく死体の現場を変えると、遺体を損壊していなくても軽犯罪法1条19号に違反する可能性があります。

警察が来るまでは、現状を変えないということが重要です。

4　賃貸人、管理会社の場合

貸しているまたは管理している物件に高齢者が居住している場合、親戚や友人から孤独死が疑われるから鍵を開けてほしいという連絡がくる可能性があります。

その場合も警察や役所に連絡をし、警察などの要請で鍵を開けるという形にした方が無難です。

というのも、孤独死が疑われるから居室の鍵を開けてほしいという連絡をしてくるのは、居住者を心配している友人とは限りません。例えばですが、入居者が債務を抱えており債権者からの連絡を断っていたところ、債権者が債務者に連絡を取るために、管理人などに「孤独死が疑われる」などと申し入れて鍵を開けるよう要請してくるというケースも実際にはあります。

また、そのような場合に限らず、入居者が存命でただ外出中だったような場合、鍵を開けたことや中にあった物がなくなったというクレームをつけられたりして、トラブルに巻き込まれてしまう可能性があります。

他方で、債権者の申出により居室に立ち入ったところ、居室内で自殺をしているのを発見したという例も実際にあります。

債権者の申出だからといって、一概に無視してしまうというのも孤独死の発見の遅れにつながる可能性もあります。

そのため、そのような申出があり、実際に孤独死の可能性があるのであれば、警察や役所などに通報をした方がよいでしょう。

もし、警察や役所が対応してくれない場合、連絡をしてきた友人だけではなく、親族や連帯保証人の連絡にするなどし居室立入りの同意を取

り、同意が取れた場合に、管理会社の従業員が複数名で立ち入るように
してください。

Q22

遺体引取義務の有無

　私が小さいときに両親は離婚しており、父親とはそれから一度も会っていませんでした。
　先日、父親が孤独死したらしく、警察から遺体を引き取るように連絡がきました。
　父親といっても全く会っていなかったので遺体を引き取りたくはありません。
　とはいえ、子どもなことには変わりがないので遺体を引き取らないといけないのでしょうか。

　遺体を引き取る義務はないと考えられます。遺体を引き取りたくないのであれば、引取りは拒否できます。

解　説

1　遺体引取りの連絡

　自宅で孤独死した場合、その遺体は警察の霊安室に保管されるのが通常です。

　警察は、遺体の身元を調査します。親族の居場所、連絡先が分かると、大抵は血縁関係の近い順から遺体の引取りを要請していきます。

　こうして、一度も会ったことがないような親族に遺体引取りの連絡がくることがあります。

　本事例では一度も会ったことがない子としました。子は法定相続人になりますが（Q1参照）、この連絡は法定相続人の範囲とは無関係のようで、親族がなかなか見つからない場合、広範囲に連絡がいくようです。

　私が関与したケースでは五親等離れた親族に遺体引取りの連絡がきたというケースがありました。民法上、親族の範囲は①六親等内の血族、②配偶者、③三親等内の姻族となっています（725条）。五親等であれば民法上は親族の範囲ですが、五親等離れた親戚ですと、一度も会ったこ

ともないということも多いかと思います。

2　相続と遺体引取義務

　相続では、相続人が、被相続人が有していた積極的財産、消極的財産を含めて、包括承継します。そして、一度も会っていなくても子である以上は相続人になります（Q1参照）。

　そうすると、被相続人の遺体も相続人である子が相続してしまうとも考えられます。

　しかしながら、遺体はそもそも財産ではなく、相続財産に含まれませんので、相続によって遺体引取義務が生じるということはないと考えます。

3　扶養義務との関係

　直系血族及び兄弟姉妹は互いに扶養する義務を負います（民法877条1項）。また、特別の事情がある場合には、家庭裁判所の審判により、三親等内の親族間においても扶養の義務が認められることがあります（同条2項）。

　ただ、扶養義務により、意に反して遺体の引取りを強制させられるということはありません。また、そもそも扶養請求権は扶養権利者の一身専属権であるところ、扶養権利者となるべく親族は死亡していますので、権利を行使する者もいません。

　故人の生前、扶養義務を負っていたからといって、遺体を引き取る義務が生じるわけではありません。

4　祭祀継承者との関係

　最三小判平成元年7月18日（家月41巻10号128頁）は、遺骨の所有権が慣習に従って祭祀を主宰すべき者に帰属するとの高裁判決を是認しています。

　遺骨の所有権が祭祀主宰者にあるのだとすれば、遺骨になる前段階の遺体の所有権も祭祀主宰者に帰属すると考えてよいかと思います。

　もっとも、これは遺骨を自身が引き取るべきかという積極的に遺骨を引き取りたい者同士の争いであり、これにより直ちに祭祀継承者が遺体

の所有者になるという判断ではありません。

　民法897条は、祭祀継承者を被相続人の指定、慣習、家庭裁判所の判断などにより定めるとしています。しかしながら、慣習によれば祭祀継承者となる者であっても、祭祀を執り行うつもりがない者に祭祀を継承させても意味がないことから、祭祀を承継する義務までは発生しないと考えられます。

　したがって、慣習によれば祭祀継承者になるべき者であるからといって、遺体を引き取る義務が生じるわけではないと考えます。

5　結論

　以上のように、子であっても、遺体を引き取る義務はないと考えられます。

　実際に私が取り扱ったケースでも、父親の遺体引取りを拒否したこともあります。

　肉親の遺体の引取りを拒否するという判断をするには様々な事情、心情があるかと思います。そのような事情、心情に反して、親族という理由で遺体の引取義務を課し、そして遺体を引き取ったからには火葬をしなければならないということを強制することはあってはならないと考えます。

　なお、遺体を引き取っても困窮しており葬儀を挙げられないからという理由で遺体引取りを拒否しようと考えている場合には、葬祭扶助という制度もありますので、利用を検討してみてください。

6　遺体引取義務と火葬、埋葬費用の負担とは別問題

　遺体を引き取る義務がないということと火葬、埋葬費用を誰が負担するかという点については別問題となります。

　遺体を引き取る義務がないからといって、直ちに火葬、埋葬費用を負担する義務がないということにはなりません。

　詳細は、Q29で説明しますが、市区町村が立て替えた埋葬、火葬費用について、相続人に弁償請求される可能性があります。

　また相続人からの弁償がない場合には、死亡した人の扶養義務者が埋葬、火葬費用を負担するとされています（墓地埋葬法9条、行旅病人及行

旅死亡人取扱法 11 条）。

　遺体の引取拒否の理由が、心情だけではなく、単に葬儀費用の問題の場合、行政側としては遺体の引取りを拒否しても費用を負担してもらう可能性があることを説明し、引取りをお願いするということを検討してもよいでしょう。

第2章

Q23

死体検案、死体解剖の拒否

　　一人暮らしをしていたおじが自宅で死亡しているのが発見されました。

　　死因が分からないので解剖をすると言われたのですが、亡くなった後まで切り刻まれるのはしのびないです。

　　解剖を拒否することはできるのでしょうか。

 残念ながら解剖の拒否はできない場合があります。

解　説

1　司法解剖、行政解剖、病理解剖

　　死因が分からずに解剖をする場合としては、大きく分けて司法解剖、行政解剖、病理解剖があります。

　　司法解剖とは、一般に、犯罪性のある死体またはその疑いのある死体の死因などを究明するために行われる解剖を指します。

　　行政解剖とは、犯罪性はないが死因が判明しない場合に、行政目的で解剖されることを指します。

　　病理解剖とは、病気で死亡した人について臓器、組織、細胞を直接観察し、詳しい医学的検討を行うために解剖することを指します。

2　司法解剖について

　　死体解剖については、死体解剖保存法という法律で規制されています。

　　原則として、死体解剖をする場合には、解剖しようとする地の保健所長の許可を受ける必要があります（死体解剖保存法2条1項）。

　　しかしながら、2条1項各号に列挙されている解剖については、保健所長の許可は不要となります。

　　死体解剖保存法2条1項4号に、刑事訴訟法129条、168条1項、

225条1項の規定により解剖する場合が挙げられており、司法解剖については、保健所長の許可は不要です。

　また、解剖については、原則として遺族の承諾が必要とされていますが（死体解剖保存法7条本文）、同法7条ただし書、同条3号により、司法解剖については、遺族の承諾は不要とされています。

　これにより、司法解剖は遺族の承諾なくして行えますので、遺族は解剖が嫌だとしても拒否はできません。

3　行政解剖について

　行政解剖についても死体解剖保存法に規定されています。

(1)監察医による解剖

　まず、死体解剖保存法8条で監察医による解剖を定めています。

　これは、政令で定める地（監察医を置くべき地域を定める政令：東京23区、大阪市、横浜市、名古屋市、神戸市）、その地域内における伝染病、中毒又は災害により死亡した疑いのある死体その他死因の明らかでない死体について、その死因を明らかにするために行う解剖をいいます。

　監察医による解剖も死体解剖保存法7条3号、2条1項3号により遺族の承諾は不要とされており、遺族が拒否をすることはできません。

(2)食品衛生法による解剖

　食品衛生法64条1項は、原因調査上必要があると認めるときは、食品、添加物、器具又は容器包装に起因し、又は起因すると疑われる疾病で死亡した者の死体を解剖することができると定めています。

　そして、同条2項は、死体を解剖しなければ原因が判明せず、その結果公衆衛生に重大な危害を及ぼすおそれがあると認めるときは、遺族に通知さえすればその同意を得ないでも解剖ができるとしています（死体解剖保存法7条4号）。

(3)検疫法による解剖

　検疫法13条2項は、検疫感染症の検査のために必要があるときは死体の解剖を行うことができると定めています。

　そして、同条後段で、死因を明らかにするため解剖を行う必要があり、かつ、その遺族の所在が不明であるか、又は遺族が遠隔の地に居住する等の理由により遺族の諾否が判明するのを待っていてはその解剖の

目的がほとんど達せられないことが明らかであるときは、遺族の承諾は不要としています（死体解剖保存法7条5号）

⑷身元調査法による解剖

　警察等が取り扱う死体の死因又は身元の調査等に関する法律6条1項は、死因を明らかにするため特に必要があると認めるときは、医師等の意見を聴いた上で、解剖を実施することができると定めています。

　そして、同条2項は、遺族の所在が不明であるとき又は遺族への説明を終えてから解剖するのではその目的がほとんど達せられないことが明らかであるときには、遺族の承諾は不要としています（死体解剖保存法7条3号、2条1項7号）。

4　病理解剖について

　死体の解剖に関し相当の学識技能を有する医師、歯科医師などで厚生労働大臣が適当と認定した者が解剖する場合、医学に関する大学の解剖学、病理学又は法医学の教授又は准教授が解剖する場合には、保健所長の許可は不要です（死体解剖保存法2条1項1号・2号）。

　したがって、この限りにおいて、病理解剖は保健所長の許可は不要です。

　しかし、それら以外の者が病理解剖目的で解剖を行うには保健所長の許可が必要となります。

　また、死体解剖保存法7条1項2号により、「2人以上の医師（うち一人は歯科医師であってもよい。）が診療中であつた患者が死亡した場合において、主治の医師を含む2人以上の診療中の医師又は歯科医師がその死因を明らかにするため特にその解剖の必要を認め、かつ、その遺族の所在が不明であり、又は遺族が遠隔の地に居住する等の事由により遺族の諾否の判明するのを待っていてはその解剖の目的がほとんど達せられないことが明らかな場合」には承諾が不要とされています。

　それ以外の場合には原則どおり遺族の承諾が必要です。

　遺族が判明しており明確に拒否をしていたら、解剖ができないことになりますので、病理解剖は遺族が拒否できることになります。

5　承諾を得る遺族

　一般社団法人日本病理学会では、病理解剖に関する遺族の承諾書のモデル書式を公表しています。

　承諾を得るべき遺族の範囲は明確ではないですが、死体解剖後の保存については、死体解剖保存法の遺族の承諾は公法的な意味での承諾であり、その際に、遺族と病院との間で遺体に関する寄付（贈与契約）または使用貸借契約が締結されていることが私法上の根拠になっているとされています（東京地判平成12年11月24日判タ1063号143頁）。

　このことからすれば、解剖や保存に関する承諾は、遺体の所有者となるべき者から得るべきと言えるかと思います。

　遺体の所有権は祭祀継承者が有すると考えてよいかと思いますので（Q22参照）、遺体の解剖や保存についても、配偶者や親、子などの故人の祭祀継承者となるべき方から承諾をもらうのがよいと考えます。

6　遺体への礼意

　死体解剖保存法20条は、「死体の解剖を行い、又はその全部若しくは一部を保存する者は、死体の取扱いに当たつては、特に礼意を失わないように注意しなければならない」としています。

　この点、司法解剖の際、体液漏れを防ぐために、使用済みのコンビニエンスストアのレジ袋を遺体の頭部に被せるという処置をとった行為が、遺族に対する遺体の処置について礼意を失しないように注意する不法行為上の義務に反するとして損害賠償請求が認められた例もあります（神戸地判平成31年2月5日LLI／DB判例秘書L07450166）。

　このようなことから分かるとおり、遺体に礼意を失わないようにすることは単なる理念ではなく、法的な義務といえるでしょう。

Q24

遺体の搬送

　高齢の兄が自宅で亡くなり、遺体が警察に安置されています。

　警察から遺体を引き取るように連絡がきて警察に行ったところ、霊安室からは後4時間以内に遺体を搬送してほしいと言われました。

　突然のことですので、遺体搬送をする方法も遺体搬送をする先もありません。

　霊安室にはどの程度いられるのでしょうか。また、遺体搬送や遺体保管に当たって気を付けることはありますでしょうか。

　霊安室からは、短期間で遺体を搬送するように求められます。

　遺体搬送は自身で行うことは可能ですが、遺体搬送業者に依頼することが通常かと思います。

　遺体搬送業者に依頼した場合、遺体搬送に伴う葬儀社とのトラブルも報告されており、適切な業者に依頼することが重要です。

解　説

1　霊安室について

　霊安室は、人が亡くなった場合に搬送されるまで遺体を安置しておく部屋をいいます。多くの警察や病院には霊安室が設置されています。

　霊安室を使用する権利というものはなく、遺族への配慮から設置、利用ができているにすぎませんので、時間を限られれば遺体を搬送する必要があります。

2　遺体搬送について

　遺体については、タクシーで搬送することはできません（旅客自動車運送事業運輸規則 14 条 1 項、52 条 12 号）。

　また、全ての規約を確認したわけではないですが、公共交通機関では規約により遺体の持込みを禁止していることが通常です（JR 東日本鉄道・旅客営業規則 307 条(4)）。

　自家用車であれば遺体を搬送することは可能ですが、通常は、遺体搬送業者に依頼をすることになります。

　遺体搬送は、霊柩車を保有し、遺体を搬送したり安置したりできる施設を保有している霊柩自動車の許可を得ている業者に依頼する必要があります。

　自身で遺体搬送業者を探して依頼するほか、実態としては、病院や警察から遺体搬送業者のリストを配布され、そのリストから選ぶというのも多いと聞いています。

　近時、都市部では自宅で火葬までの間、自宅で遺体を安置することが困難な事情もあり、その場合、民間の遺体安置施設を利用するケースもあります。

　民間の遺体安置施設は遺体ホテルやフューネラルアパートメントなどと呼ばれていますので、検索の際には、そのようなキーワードで探してみてください。

3　遺体搬送業者に対する葬儀の発注

　独立行政法人国民生活センターは、度々、葬儀におけるトラブルを公表していますが、その中には遺体搬送を端緒とするトラブルもありますので注意が必要です。

　例えば、「増加する葬儀サービスのトラブル」（平成 18 年 6 月 22 日）では、「病院から自宅までの搬送を頼んだのに、勝手に葬儀の準備に入って」しまい、その結果、高額な葬儀費用を請求されたというトラブルが掲載されています。

　また、消費者契約法専門調査会に提出された資料においても「病院より紹介された葬儀社に遺体搬送のみ依頼。葬儀に関しては後でとの話で後に断ったところ、キャンセル料として 7 万円請求された。」という事

例が紹介されています（第37回消費者契約法専門調査会資料5-1「葬儀業界の現状」）。

　葬儀会社からすると、遺体搬送は葬儀契約と結びつく機会のものであるため、葬儀会社の中には依頼者が希望した以上の営業行為を行うケースも散見されます。

　親族の死亡により突然警察の霊安室に呼ばれ、動転し、その隙にあれよあれよと高額な契約を締結させられるということもありますのでご注意ください。

Q25

遺体の腐敗防止　エンバーミング

兄は離婚をしていますが、子どもとは交流をしていました。先日、兄が急死したのですが、兄の子は海外赴任しており、私に連絡がきました。

兄の子に死亡を伝えたのですが、帰国までに数日、時間がかかってしまうようです。

葬儀は兄の子が帰国してから行いたいのですが、夏なので、その間に遺体が腐敗してしまわないか心配です。

 エンバーミングという方法で腐敗防止処置をとることができます。

エンバーミングの対応ができる葬儀社に依頼して、腐敗防止処置をしてもらえば、遺体を腐敗させずに保全できます。

解　説

1　エンバーミングとその法的問題点

エンバーミングとは、遺体を消毒や保存処理、また必要に応じて修復することで長期保存を可能にする技法をいいます。

エンバーミングをすれば、遺体は腐敗しませんので、事実上、死体を永続的に保存できてしまいます。

しかし、日本では、死体解剖保存法という法律で、死体の保存について規制がされています。医学大学や病院が医学教育、研究のために必要があるとして死体の保存をする場合以外は、死体解剖保存法19条により、遺族の承諾だけでなく、保存しようとする地の都道府県知事（政令指定においては市長、特別区においては区長）の許可が必要とされています。

また、エンバーミングを行うためには、遺体を切開して血液と保存液

を入れ替えるのが一般的ですが、それは遺体を損壊しているとも思えます。遺体を損壊した場合、死体損壊罪（刑法190条）に該当する可能性があります。

2　厚生労働省による研究報告

　上記のようにエンバーミングについては、一見すると法的に疑義がある行為に思えます。

　この点については、エンバーミングが日本で紹介された平成3年頃に厚生省（現：厚生労働省）が法医学者、検察庁、警視庁、弁護士などの専門家によるエンバーミングに関する研究班を設置し、平成4年3月に「わが国におけるエンバーミングのあり方に関する研究」という研究結果を公表しています。

　この報告書において、エンバーミングについては、①刑事訴訟法による手続が完了していること、②死亡診断書（検案書）が交付されていることにより死因が確定していること、③遺族の承諾があること、④技術的にも死者への礼節の点からも適切なエンバーミングが行われていることの4項目を満たした適切なエンバーミングが行われる限りは、エンバーミングが違法性を構成するケースはないと報告されています。

3　業界団体による自主規制

　平成6年には、エンバーミングの業界団体である一般社団法人日本遺体衛生保全協会（IFSA）が以下のような自主基準を設けています。

　①本人または家族の署名による同意に基づいて行うこと
　②IFSAに認定され、登録されている高度な技術能力を持った技術者
　　によってのみ行われること
　③処置に必要な血管の確保および体腔の防腐のために最小限の切開を
　　行い、処置後に縫合・修復すること
　④処置後のご遺体を保存するのは50日を限度とし、火葬または埋葬
　　すること

　死体解剖保存法により無許可で遺体を保存することはできませんので、遺体保存期間を50日までと定めています。

4　エンバーミングの違法性

　上記のように、エンバーミングは直ちに違法というわけではありませんが、やり方によっては違法になる可能性をはらんでいます。

　もっとも、エンバーミングは、平成29年には4万2,760件実施されているようですが（一般社団法人日本遺体衛生保全協会「遺体衛生保全概論」）、現状、自主基準にのっとったエンバーミングについて遺体損壊罪や死体解剖保存法に違反して刑事事件化したということは聞いたことがありません。

　このような状況に照らせば、IFSAの自主基準にのっとっているエンバーミングは、現状では違法とまでは判断されていないといえます。

　IFSAの自主基準にのっとっていないエンバーミングは、その全てが違法ということではありませんが、業界団体が自主基準を設けており、違法と判断されていないのであれば、エンバーミングを希望する方は、自主基準に従ったエンバーミングを選択しておいた方がよいでしょう。

第2章

Q26

死亡届は誰が出すか

　不動産管理会社を営んでいますが、当社で賃貸している
マンションで一人暮らししていた方が自宅で亡くなりまし
た。
　故人と生前に付き合いがあったという弁護士から、遺族
と連絡がつかないので管理会社として死亡届に捺印してほ
しいと言われたのですが、管理会社が死亡届に捺印できる
ものなのでしょうか。

　死亡届を出せる人は法律で決まっています。
　マンションの管理会社は、家屋の管理人として死亡届に
捺印できると考えます。

解　説

1　死亡届とは

　死亡届は戸籍法86条により死亡の事実を市区町村の役所に届け出る
手続です。
　死亡届の提出により戸籍に死亡の事実が記載され、また住民票が抹消
されることになります。
　死亡届は、届出義務者が死亡の事実を知った日から7日以内に出す必
要があります（戸籍法86条）。死亡届の期限を守らない場合、5万円以
下の過料に処せられる可能性があるため（戸籍法137条）、期間を遵守す
る必要があります。
　死亡届出書の用紙は、死亡診断書／死体検案書と一体になっています。
　死亡診断した医師に死亡診断書／死体検案書部分を記入してもらい、
死亡届義務者が死亡届を記入し、署名捺印することで死亡届を出せるよ
うになります。

第2章

【死亡届例】

別紙4（2／2）

死亡診断書（死体検案書）

別紙4（1／2）

死亡届

令和 2 年 1 月 9 日届出

東京都千代田区長　殿

(1) 氏名　みんじ　民事　いちろう　一郎

(2) 性別　☑男　□女

(3) 生年月日　昭和 23 年12月14日

(4) 死亡したとき　令和 2 年 1 月 9 日　☑午前 □午後 4 時 10 分

(5) 死亡したところ　東京都港区虎ノ門一丁目1番1号

(6) 住所　東京都千代田区霞が関一丁目1番1号

　世帯主の氏名　民事　一郎

(7) 本籍　東京都千代田区丸の内一丁目1

　筆頭者の氏名　民事　一郎

(8)(9) 死亡した人の夫または妻　☑いる（満70歳）　□いない　□未婚　□死別　□離別

(10) 届出人　☑1. 同居の親族　□2. 同居していない親族　□3. 同居者　□4. 家主　□5. 地主　□6. 家屋管理人　□7. 土地管理人　□8. 公設所の長　□9. 後見人　□10. 保佐人　□11. 補助人　□13. 任意後見人

　住所　東京都千代田区丸の内一丁目1

　本籍　東京都千代田区丸の内一丁目1　筆頭者の氏名 民事 太郎

　署名　民事　太郎　　生年月日 昭和51年 12 月 28 日生

（出典：法務省ホームページ「戸籍関係手続」）

2　死亡届義務者

　死亡届は誰でも出せるというわけではなく、戸籍法 87 条に規定された者が出せます。

　まず、届出義務を負う者として、同居の親族、その他の同居者、家主、地主又は家屋若しくは土地の管理人が挙げられています。

　また、届出義務までは負わないが届出できる者として、同居の親族以外の親族、後見人、保佐人、補助人、任意後見人及び任意後見受任者が挙げられています。

　通常は、親族が死亡届を出しますが親族がいないというケースもあります。

　「家主、地主又は家屋若しくは土地の管理人」は、死亡者が死亡した場所である土地または家屋の所有者または管理人を指すとされています（昭和 11 年 5 月 4 日民事甲第 361 号民事局長回答、加藤令造著・岡垣学補訂『新版戸籍法逐条解説（改訂 2 版）』（日本加除出版、1981））。例えば、自宅で亡くなった場合、賃貸アパートやマンションの賃貸人や分譲マンションの管理会社がそれに当たります。

　また、介護老人保健施設や有料老人ホーム、私立病院などで亡くなった場合、その施設長が届出人となることもあります。公立病院は、戸籍法 93 条、56 条により届出義務が課せられます。

　死亡届の届出は条文で挙げられている順序によらず届け出をすることができますし、届出義務者がいても戸籍法 87 条 2 項記載の者が死亡届を出すこともできます。

3　死亡届の提出先

　死亡届の提出先は、どこでもよいというわけではありません。届出先は、法律で定められており、

　　・死亡者の本籍地の市区町村役所
　　・届出人の所在地の市区町村役所
　　・死亡者の死亡地の市区町村役所

となっています（戸籍法 25 条 1 項、88 条 1 項）。

　死亡届の署名や捺印（押印は任意）は、死亡届の届出義務者がする必要があります。

　しかし、署名捺印（押印は任意）された死亡届を実際に役所に持って
いって提出するのは、必ずしも届出義務者である必要はありません。
　死亡届の提出とともに埋火葬許可の手続もしますので、葬儀社が代行
して提出してくれることも多いようです。ただ、これはあくまで提出を
代行しているだけであり、葬儀社が死亡届に署名、捺印（押印は任意）
することが認められているわけではありません。
　死亡届は、役所の夜間窓口でも出すことができるので、夜間窓口が開
いていればいつでも提出をすることが可能です。
　しかし、夜間窓口に死亡届を提出した場合、死亡届の受理はしてくれ
ますが、埋火葬許可証の発行はしてもらえないので、結局は通常開庁時
間内に役所に行かなければならない可能性があります。

4　死亡届を出す人がいない場合

(1)身元不明の場合

　戸籍法92条により本籍不明の場合、死亡者の身元不明の場合、警察
官が死亡地の市町村長に報告をすることになります（戸籍法92条1項及
び死体取扱規則7条1項）。具体的には、死亡報告書に本籍等不明死体調
査書を添付して市町村長に報告することとされています。
　また、その後本籍が明らかになった際や、死亡者を認識した際にもそ
の旨の報告をすることになります（戸籍法92条2項）。この報告は、死
亡者の本籍等判明報告書（別記様式第5号）により行うこととされてい
ます。

(2)身元が明らかであるが死体の引取人がいない場合

　警察署が取り扱う死体で身元が明らかであるが死体の引取人がいない
場合も、死亡地の市町村に引き渡すことになります。その際、死体及び
所持品引取書の写しを添付して死亡通知を行うことになり、この死亡通
知を行った場合、死亡報告による戸籍記載をしてもよいという扱いに
なっています（平成26年12月24日法務省民一第1462号通知「警察官から
の死亡通知の取扱いについて」）。

(3)知人からの死亡届

　故人の知人において、戸籍に死亡事項の記載を求める申出書を市区町
村に提出し、職権での戸籍記載を促すという方法もあります。

　その場合、便宜上死亡届を用い、届出義務者がいないので、知人からの申出をする旨の記載をすることが相当とされています。

　その申出を資料として、管轄法務局の長の許可を得て職権で記載をすることになります（戸籍法44条3項、24条2項、荒木文明・菅弘美『戸籍のためのQ＆A「死亡届」のすべて』（日本加除出版、2013））

　このように身寄りが無い方の場合、家屋管理人など親族以外の届出義務者が死亡届を提出することができます。

　また、誰も死亡届を出す人がいないという場合には、警察から地方自治体に対して死亡通知がされ、死亡届をする必要がなくなります。

〈参考文献〉BOOK

死亡届に関する手続、戸籍実務については、以下に詳しく載っていますので、ご参考にしてください。

荒木文明・菅弘美『戸籍のためのQ＆A「死亡届」のすべて』（日本加除出版、2013）

Q27

葬儀を挙げる義務と葬儀費用の公的扶助

　　身寄りのない親族が亡くなり、警察から遺体を引き取るように連絡がありました。

　　遺体の引取りを拒否できるとは知らずに遺体を引き取ったのですが、生前全く交流がなかったのに、親族という理由だけで葬儀費用をかけて葬儀をするのも納得がいきません。

　　遺体を引き取った以上は葬儀をしないといけないのでしょうか。

　　葬儀をする義務はありませんが、遺体をそのままにしておくわけにはいかないので、事実上火葬はしないといけません。

解　説

1　葬儀を挙げる義務はないが事実上火葬をする必要はある

　遺体を引き取った以上、葬儀をしなければいけない義務を負うかというとそのような義務はありません。

　しかし、それは儀式としての葬儀のことであり、遺体の措置とは別問題です。

　葬儀は、葬送儀礼の略語ともいわれており、通夜や告別式、火葬、四十九日などを含む広い概念です。

　このうち儀礼の部分である通夜や告別式、四十九日などは、故人の希望や経済的な状況に応じて決めてよく、儀礼は一切しないという方もいます。

　しかし、葬儀のうち、遺体の処遇である火葬（宗教や地域によっては土葬）については、事実上、遺体を引き取った者が行う必要があります。

　というのも、遺体を引き取った後、遺体を埋葬、火葬しないでそのま

第2章

ま放置しておくと腐敗してしまいますので、公衆衛生上の問題が生じて
しまいます。

　そして、遺体を引き取りながら、葬儀費用をかけたくないからと、埋
葬、火葬をしないで遺体を放置し腐敗させた場合、死体遺棄罪（刑法
190条）に問われる可能性もあります。

　もちろん、遺体を引き取った後、他の人に埋葬、火葬を委ねることが
できれば、それもよいでしょう。しかしながら、遺体を引き取る人がお
らず、生前に交流がなかった親族に遺体引取りの連絡がきているのであ
れば、遺体を引き取った人に代わって火葬をしてくれるという人はなか
なかいないでしょう。

　そのため、遺体を引き取ったのであれば、埋葬、火葬をしなければい
けなくなります。

　日本では99.9％火葬されるといわれており、通常は遺体を火葬して焼
骨にすることになるでしょう。

2　費用の問題

　心情的な問題であれば、そもそも遺体を引き取らないでしょうから、
遺体を引き取りながら火葬、埋葬をしたくないということは、それは費
用が原因のことが多いことかと考えられます。

　お金がないから火葬できないという場合、もし生活保護受給者であっ
たり、生活保護基準に満たない収入の場合は葬祭扶助（生活保護法18
条）を受けることができます。葬祭扶助を受けることができれば、検
案、遺体の運搬、火葬又は埋葬、納骨その他葬祭のために必要なものに
ついての費用が扶助されます。

　また、加入している健康保険の種類に応じて、埋葬料や家族埋葬料、
葬祭費が支給されます。それを費用の一部に充てることができます。

(1)埋葬料

　故人が国民健康保険以外の健康保険の被保険者だった場合、あるいは
全国健康保険協会（協会けんぽ）の加入者だった場合で、業務外の事由
でなくなった場合、故人により生計を維持してきた方には埋葬料として
5万円が支給されます。

　なお、業務上の理由で亡くなった場合には、労災保険により葬祭給付

が支給されます。

⑵埋葬費

　上記の場合で埋葬料を受けられる方がいない場合、実際に埋葬を行った方に、埋葬料（5万円）の範囲内で、霊柩車代、霊柩運搬代、霊前供物代、火葬料、僧侶の謝礼等実際に埋葬に要した費用が埋葬費として支給されます。

⑶家族埋葬料

　上記の場合で、被扶養者が亡くなった場合、被保険者に家族埋葬料として5万円が支給されます。

⑷葬祭費

　故人が国民健康保険や後期高齢者医療制度の被保険者であった場合、その葬祭を行った方に支給されます。給付額は自治体や加入している組合によって異なりますが、3万円から10万円程度のようです。

　ただし、葬祭費は、火葬のみの場合は支給されないこともあるので、火葬のみで葬祭費の申請をしようとするなら、事前に自治体や組合に確認した方がよいでしょう。

⑸申請手続

　いずれも自動的に支給されるわけではなく、支給を受けるには申請が必要になります。期間制限もあるので、忘れないうちに早めに支給申請をした方がよいでしょう。

第2章

Q28

身元不明の故人の葬儀

　一人暮らしをしていた高齢者が亡くなり、遺体を警察が引き取りました。どうやら偽名を使って生活していたらしく、故人の身元が分かりません。
　身元が分からない場合、葬儀はどのようになるのでしょうか。

　死亡地の地方自治体が火葬をします。

解　説

1　身元の分からない遺体の火葬

　行旅病人及行旅死亡人取扱法という明治32年にできた法律があります。この法律により「行旅死亡人」とは、「行旅中死亡シ引取者ナキ者」（同法1条1項）と定義されています。つまり行き倒れて亡くなった人が本来的な行旅死亡人です。明治時代ですから、旅行は徒歩で何日もかけていたので、行き倒れで亡くなる人も一定数いたのでしょう。

　現代では旅行中に行き倒れで亡くなる人などほとんどいないかと思いますが、行旅死亡人という表現は現在もよく使われます。

　というのも、行旅病人及行旅死亡人取扱法1条2項に「住所、居所若ハ氏名知レス且引取者ナキ死亡人ハ行旅死亡人ト看做ス」との規定があり、身元不明の死亡人は、行旅死亡人として扱われることになります。

　身元不明の方が死亡した場合、行旅病人及行旅死亡人取扱法により、死亡推定日時や発見された場所、所持品や外見などの特徴などが死亡地の市町村長名義にて、官報に掲載され公告されます。

　そして、行旅死亡人の遺体については、死亡地の各地方自治体が発見された場所、所持品や外見などの特徴を記録した後、死体を埋葬または火葬しなければなりません。日本ではほとんど埋葬（土葬）はされませ

んので、通常は火葬されることになります。

　火葬後の遺骨については、法律上特に取扱いが決められておらず、各地方自治体に委ねられています。詳細は Q33 をご参照ください。

2　火葬の費用

　まず、行旅死亡人の遺留品に現金や有価証券があれば、それを費用に充てることになります。それで足りなければいったん死亡地の市町村が費用を立て替えます（行旅病人及行旅死亡人取扱法 15 条）。

　その後、相続人が判明した場合には、相続人に対して弁償請求をすることになります。

　相続人がいない、また相続人による弁償がされない場合、死亡人の扶養義務を果たすべき人に弁償を請求することになります（同法 11 条）。

　それでも弁償がされない場合、当該市町村は、遺留品を売却して得た代金を費用に充てることができます（同法 13 条 1 項）。

　それでも足りない場合、死亡地の都道府県がその費用を弁償することになります（同法 5 条、行旅病人死亡人等ノ引取及費用弁償ニ関スル件 1 条 1 項）。

　ただし、政令指定都市や中核市の場合、県に準じるので、都道府県への請求はできません（行旅病人死亡人等ノ引取及費用弁償ニ関スル件 1 条 3 項、行旅病人及行旅死亡人取扱法 5 条、13 条）。

第2章

Q29

身元は判明しているが遺体の引取手がいない場合の葬儀

　孤独死した方の遺体を警察が引き取りました。判明した遺族に連絡をしましたが、生前に関わりがないのに遺体は引き取りたくないといって、遺体の引き取りを拒否しています。

　そのような場合、葬儀はどのようになるのでしょうか。

　身元が判明しているが遺体が引き取られない場合も、死亡地の地方自治体が火葬をすることになります。

解　説

1　墓地埋葬法の定め

　Q28で説明したとおり、身元が判明していない場合には、行旅死亡人とみなされ（行旅病人及行旅死亡人取扱法1条2項）、行旅病人及行旅死亡人取扱法により死亡地の地方自治体が火葬をすることになります。

　本事例のように身元が判明している場合、遺体の引取手がいなくても、行旅死亡人とはみなされませんので、行旅病人及行旅死亡人取扱法は適用されません。

　この点、墓地埋葬法9条1項には、「死体の埋葬又は火葬を行う者がないとき又は判明しないときは、死亡地の市町村長が、これを行わなければならない。」との定めがあります。

　遺体の引取手がいないということは、死体の埋・火葬を行う者がいないということですので、引取手がいない遺体については、死亡地の市町村長が、火葬、埋葬をすることになります。

　なお、「死体の埋葬又は火葬を行う者がないとき又は判明しないとき」とは、親族である必要はなく、現実に埋葬、火葬を行う人がいないことを指します。親族が遺体の引取りをしないから親族に代わって友人や地

域の人が引き取るので、埋・火葬の費用だけ地方自治体に負担してほしいと考えても、友人や地域の人が葬儀を挙げてくれる場合は、死体の埋葬、火葬を行う者がいない場合には当たりませんので、墓地埋葬法9条1項は適用されません。

2　遺体の引取手がいない場合の埋葬、火葬費用の負担

　墓地埋葬法9条2項は「前項の規定により埋葬又は火葬を行つたときは、その費用に関しては、行旅病人及び行旅死亡人取扱法の規定を準用する」と規定しています。

　結果としては、遺体の引取手がいない場合も、行旅死亡人（＝身元不明の死体）の場合と同様の処理になります。

　すなわち、行旅死亡人の遺留品に現金や有価証券があれば、それを費用に充てることになります。それで足りなければいったん死亡地の市町村が費用を立て替えます。

　その後、相続人が判明した場合には、相続人に対して弁償請求をすることになります。

　相続人がいない、また相続人による弁償がされない場合、死亡人の扶養義務を果たすべき人に弁償を請求することになります。

　それでも弁償がされない場合、当該市町村は、遺留品を売却して得た代金を費用に充てることができます。

　それでも足りない場合、死亡地の都道府県がその費用を弁償することになります。

3　遺体引取りの説得

　このように親族が遺体の引取りを拒否しても、葬儀費用を負担した地方自治体は相続人や故人に対して扶養義務を負っていた者に対して、葬儀費用の弁償請求をする余地があります。

　そのため、地方自治体側として遺体の引取拒否事案に直面した場合、遺体の引取拒否の理由が葬儀費用の負担を避けるためであるのであれば、遺体引取りを拒否しても結局は葬儀費用が求償され費用の支出を余儀なくされる可能性があること、葬儀費用については埋葬費や葬祭扶助の対象になり得ることなどを説明して、応じるように説得を試みてもよ

第2章

いかもしれません。

　他方で、遺体引取拒否の理由が費用面の問題ではなく、心情的な理由である場合もあります。私が受けた相談でも、幼い頃に離婚して会っていない、父親が多額の借金をしたまま夜逃げをしていて残った家族は苦労していたなどの状況で遺体の引取要請がきて、拒否したという事例があります。

　そのような心情的な理由の場合、費用的なことを説明しても引き取りは拒否されてしまう可能性も高いかと思います。

　このような場合、Q22で説明をしたとおり、遺体を引取り火葬する義務というものはないと考えられますので、心情的な理由から拒否する場合には、やむを得ず墓地埋葬法、行旅病人及行旅死亡人取扱法に従って処理を進め、相続人や扶養義務を負う者への弁償請求を試みることになるでしょう。

Q30

葬儀費用の負担者、葬儀費用不払への対応（葬儀費用の先取特権）

孤独死した方の遺体を親族が引き取り、当社に葬儀を依頼しました。

故人に相続人はなく、生前に交流はありませんでしたが警察に言われてやむを得ず遠縁の親族が遺体を引き取り、葬儀を依頼することになったようです。

葬儀が終わり葬儀費用を請求したところ、「故人の預金があるのだから、そこから回収してほしい。私は相続人でもないし葬儀費用は支払いたくない」と支払を拒否されてしまいました。

葬儀費用は誰が負担するものなのでしょうか。また、相続財産から回収することはできないものでしょうか。

葬儀費用は原則として喪主が支払います。そのため、葬儀社としては喪主に葬儀費用を請求することになります。喪主は、相続人ではないなどという理由で支払を拒否することはできません。

とはいえ複数の葬儀社の顧問弁護士として葬儀費用不払対応をしていると、葬儀費用不払案件では、縁が遠い方が期せずして葬儀をしなければならなくなった例が多いと感じます。

本事例のように喪主から葬儀費用の支払を拒否されているが故人に財産があることが分かっている場合、葬儀費用の先取特権を用いて回収できる可能性があるため、その方法を検討してもよいかもしれません。

解　説

1　葬儀契約の主体は喪主

　葬儀契約は、何か特殊な契約というわけではなく、葬儀という儀礼を行うことや葬儀のために必要な業者を手配・取り次いでもらうことを依頼する準委任契約にすぎません。

　したがって、葬儀契約の主体は、喪主と葬儀社であり、葬儀社は契約の主体である喪主にしか葬儀費用を請求することはできません。

　この点、喪主が負担した葬儀費用を相続人間でどのように分担するかについては喪主負担説や相続財産負担説など諸説ありますが、葬儀社が誰に請求できるかというとそれは契約主体である喪主にしか請求できないということになります。

　なお、葬儀社によっては、宗教的な葬儀の主宰者である「喪主」と契約主体として葬儀費用を負担する「施主」と表現を使い分けていることがあります。そのような場合、契約主体は「施主」と認定されるのではないかと思います。

2　先取特権

　葬儀によって生じた債権を有する者は、債務者の総財産について先取特権を有します（民法306条3号）。

　葬式費用が先取特権とされた趣旨は、「葬式の際に……相手方がいちいち債権実現の可能性を検討したり、担保を徴したりする余裕はないのが通常であるから、債権者のために債権実現を保障することにより債務者が葬式をあげることを容易にする」ことにあるとされています（加藤一郎・林良平編『担保法大系〈第2巻〉』347頁（金融財政事情研究会、1985））。葬儀は亡くなってすぐに行われなければなりませんので、葬儀社としては、喪主の資力も故人の資力も分からないままに受注せざるを得ません。そのため、葬儀費用債権には特別の保護が与えられています。

　この点、東京高決平成21年10月20日（金法1896号88頁）は、民法309条1項の「債務者」とは死者自身を指すべきものと解されており、葬式費用の債権者は本来的には葬儀社であって、「債務者」の総財産である遺産の上に相当額について先取特権を有することになると判示して

います。

　本事例では、葬儀社は葬儀によって生じた債権を有する者に当たりますし、債務者は死者自身を指すので、故人の預金は債務者の財産に当たります。

　そのため、葬儀費用先取特権により、預貯金を差し押さえて回収をすることが可能と考えます。

　葬儀費用先取特権について先例は乏しいと思いますので、私が実際に葬儀費用先取特権に基づく債権差押えに用いた申立書を参考までに掲載します。解説を加えますと、債務者は死者自身を指すと解されていますが、死者自身は当事者にはなりませんので、債務者は相続財産法人としています（民法951条）。

　そして、相続財産管理人が選任されておらず相続財産法人に代表者がいないため、民事訴訟法35条の準用により特別代理人を選任して（大決昭和6年12月9日民集10巻1197頁）、手続を進めることになりました。

　本事例と異なり相続人がいる場合には、亡××相続人△△が債務者になります。

　なお、不動産に対する先取特権の行使の場合には、民法335条1項により不動産以外の財産から弁済が受けられないことが必要となります。

　葬儀費用の先取特権は、葬儀費用全額ではなく、債務者のためにされた葬式の費用のうち相当な額のみだけが対象になります（民法309条1項）。そのため、葬儀費用が相当額の範囲内であることを資料を添付して明らかにする必要があります。資料としては、若干古いですが『葬祭ビジネス市場動向　2012－葬儀施行数の増加と葬儀単価の下落に揺れるマーケットの徹底分析』（ボイス情報株式会社企画・開発部　調査・編集（ボイス情報株式会社、2011））などが参考になります。

第2章

【葬儀費用の先取特権に基づく債権差押命令申立書例】

債権差押命令申立書
（葬儀費用に基づく一般先取特権）

令和４年５月31日

東京地方裁判所民事執行係　　御中

申立債権者代理人弁護士　　○　○　○　○

　　当　　事　　者　　　　　　　　　　　｜
　　担保権・被担保債権・請求債権　　　｝　別紙目録記載のとおり
　　差　押　債　権　　　　　　　　　　　｜

　債権者は、債務者に対し、別紙請求債権目録記載の債権を有するが、債務者がその支払をしないので、別紙担保権目録記載の一般先取特権に基づき、債務者が第三債務者に対して有する別紙差押債権目録記載の債権の差押命令を求める。
　第三債務者に対して、陳述催告の申立て（民事執行法第147条１項）をする。

添　付　書　類

　1. 資格証明書　　　　　　　　　　　　×通
　2. 御葬儀請書（写し）　　　　　　　　１通
　3. 御請求書（写し）　　　　　　　　　１通
　4. 葬祭ビジネス市場動向　2012（写し）１通
　5. 戸籍謄本　　　　　　　　　　　　　×通
　6. 委任状　　　　　　　　　　　　　　１通

（別紙）

当 事 者 目 録

〒×－×　　　東京都……

　　　　　　債権者　　　　　　　　　　△

　　　　　　上記代表者代表取締役　　　△

（送達場所）

〒×－×　　　東京都千代田区霞が関……

　　　TEL　03－××　　　　FAX　03－××

　　　　　　債権者代理人弁護士　　　　××××

〒×－×　　　東京都……

　　　　　　債務者　　　亡××相続財産

　　　　　　特別代理人　××××

〒×－×　　　東京都……

　　　　　　第三債務者　　株式会社××銀行

　　　　　　上記代表者代表取締役　　××××

（送達先）

〒×－×　　　東京都……

　　　　　　××銀行××支店

※差押債権目録は省略

（別紙）

担保権・被担保債権・請求債権目録

1 担保権

　民法第306条第3号に基づく、債権者の債務者に対する、債務者の葬儀費用及びこの遅延損害金の支払請求権について、債務者の別紙差押債権目録記載の債権上に有する先取特権

2 被担保債権及び請求債権

　　金×万円

　ただし、債権者が債務者の〈続柄〉××から請け負った亡××（令和〇年〇月〇日死亡）の葬儀に要した別紙（省略：葬儀費用の内訳を添付する。）記載の費用の合計額（支払期日令和〇年〇月〇日）

【特別代理人選任申立書例】

特別代理人選任申立書

令和4年5月31日

東京地方裁判所民事執行係　　御中

申立人代理人弁護士　○　○　○　○

〈当事者の表記省略〉

申 立 て の 趣 旨

申立人が債権者となって、亡支援一郎（最後の住所地は東京都港区虎ノ門一丁目△番△号）を債務者として、御庁に提起しようとする債権差押命令申立事件について、亡支援一郎相続財産の特別代理人の選任を求める。

申 立 て の 理 由

第1　申立人と亡支援一郎について
  1　申立人について
    申立人は冠婚葬祭業を業とする株式会社である（疎甲1：現在事項全部証明書）。
  2　亡支援一郎と同人の相続財産に対する先取特権について
  (1)　葬儀費用に関する債権の存在
    亡支援一郎は、令和4年3月22日、死亡した（疎甲2：除籍全部事項証明書）。申立人は、亡支援一郎の親族の委託をうけ、令和4年3月25日、亡支援一郎の葬儀を90万円で執り行った（疎甲3：御葬儀請書、疎甲4：御請求書）。
    そして、申立人は、当該90万円について、誰からも弁済を受けていない。

　⑵　相当な額であること

　　関東地域における平均葬儀費用は、葬儀一式の費用で、128万1554円、葬儀における飲食費用や香典返し等の諸費用を除く葬儀そのものの費用で71万5359円である（疎甲5：葬祭ビジネス市場動向　2012）。申立人が請求する90万円は、葬儀費用として相当な額である。

　⑶　債務者は、故人を指すこと

　　民法第306条柱書及び同第3号並びに第309条第1項に規定する「債務者」とは死者自身を指すと解されている。そのため、申立人は、亡支援一郎の総財産に対し、先取特権を有する。

　　したがって、申立人は、亡支援一郎名義の預金債権に対しても、先取特権を有している。

第2　亡支援一郎相続財産特別代理人選任の必要性があること

　　亡支援一郎は、別紙相続人関係説明図のとおり、相続人がいない。（疎甲1、疎甲6）。そのため、亡支援一郎の遺産を相続した相続人に対し、支払の請求をするという方法を採り得ない。

第3　結語

　　よって、申立人は、亡支援一郎相続財産である預金債権を、民法第306条柱書及び同第3号並びに第309条第1項に基づき差し押さえる。しかし、亡支援一郎には、相続財産管理人が選任されておらず、選任を待つと、申立人において、時間的にも金銭的にも大きな負担となる。そのため、申立人は本申立てを行う。

　　なお、民事訴訟法第35条には、「法定代理人がない場合又は法定代理人が代理権を行うことができない場合において、未成年者又は成年被後見人に対し訴訟行為をしようとする者は」と記載されているが、大審院昭和6年12月9日決定民集10巻1197頁は、相続人不明の相続財産に対しても同条（平成8年改正前民事訴訟法第56条）が準用されるとしている。

証　拠　方　法

甲1　現在事項全部証明書
甲2　除籍現在事項全部証明書
甲3　御葬儀請書
甲4　御請求書
甲5　葬祭ビジネス市場動向　2012
甲6　戸籍謄本

添　付　書　類

1　疎明資料　　　　　　　　各1通
2　疎明資料説明書　　　　　1通
3　訴訟委任状（写し）　　　1通

【上申書例】

令和3年（ケ）第＊＊＊号

上　申　書

令和4年5月31日

東京地方裁判所民事執行係　御中

申立代理人弁護士　○○○○

　債権者は、別紙報告書記載のとおり債務者亡支援一郎の不動産以外の財産からは請求債権について弁済を受けることはできません。

以上

【報告書例】

```
                    報　告　書

                                令和 4 年 5 月 31 日

東京地方裁判所民事執行係　御中


                        申立代理人弁護士　　○○○○


　　民法第 309 条第 1 項の「債務者」は、死者本人を指すところ、死者本
人は既に死亡しており、任意に弁済を受けることができません。
　　また、債権者は別紙物件目録以外の債務者の資産の存在を知らず、他
の債務者に対して、先取特権を行使することができません。
　　葬式費用が先取特権とされた趣旨は、「葬式の際に……相手方がいち
いち債権実現の可能性を検討したり、担保を徴したりする余裕はないの
が通常であるから、債権者のために債権実現を保障することにより債務
者が葬式をあげることを容易にする」ことにあります（加藤一郎・林良
平編『担保法大系〈第 2 巻〉』金融財政事情研究会）。
　　喪主である支援有男から葬儀費用の支払を受けられていない本件は、
与信の時間的余裕なく債権者が葬儀を挙げたために葬儀費用が回収でき
ていない事案であり、別紙物件目録以外の財産から弁済を受けることが
できない事案です。
                                            以上
```

注　報告内容は個々の事情により異なると思いますが、葬儀費用先取特権につ
　　いては、他の資料に乏しいことから参考として実際に用いたものを改変して
　　掲載します。

Column

葬儀費用は誰が負担するか

　解説において、喪主が負担した葬儀費用を相続人間でどのように分担するかについては諸説あると記載しましたが、近時では、葬儀費用は喪主が負担するという説が有力になっているかと思います。

　『家庭裁判所における遺産分割・遺留分の実務（第 4 版)』(片岡武・菅野眞一編著、80 頁（日本加除出版、2021))においても、葬儀費用について「その支出金額や分担について争いがあって、調停の中で調整を図ることができなければ、民事訴訟手続で解決されることになる」との記載があり、葬儀費用は相続債務ではなく遺産分割の対象にならないとしています。

　また、名古屋高判平成 24 年 3 月 29 日 (LLI/DB 判例秘書 L06720191) は、「葬儀費用の負担についての合意がない場合においては、追悼儀式に要する費用については同儀式を主宰した者、すなわち、自己の責任と計算において、同儀式を準備し、手配等して挙行した者が負担」するとして、葬儀費用を負担した者から他の相続人への不当利得返還請求を退けています。

　また、前掲東京高決平成 21 年 10 月 20 日は、自ら喪主として葬儀社との間で葬式に関する契約を締結してその費用を支払った者は、自己の債務として上記費用を支払ったのであり葬儀社に費用を立替払した者でないとして、相続財産に対して先取特権を有しているとはいえないと判断しました。

　このように、葬儀費用は相続人間においても喪主が負担するものだというのは、実務の取扱いとして定着していると感じています。

Q31

遺骨引取義務の有無

　遠縁の親戚が孤独死し、自治体が火葬をし遺骨を預かっているようです。
　自治体から私に対して遺骨を引き取ってくれないかという連絡がきました。
　親戚だというだけで遺骨を引き取る義務はあるのでしょうか。

　遺骨の引取りを法的に義務付けることは難しいと考えます。

解　説

1　遺骨は所有権の対象になる

　遺骨も動産であり所有権の対象になります。

　自らに故人の遺骨を引き渡してほしいと主張する者が、自身が遺骨の所有者であると主張し、遺骨の所有権をめぐって紛争になったという例があり、裁判所は、遺骨の所有者が誰になるかという判断をしています。

　そのような訴訟において、故人の祭祀継承者に当たる者が遺骨の所有権者になると判断されます（最三小判平成元年7月18日家月41巻10号128頁）。

　祭祀継承者は、故人による指定、慣習、家庭裁判所による決定で決まります（民法897条）。

　このことからすると、故人の遺骨の所有権者は、祭祀継承者であるといえます。

2　遺骨引取義務を負うか

　祭祀財産の承継には、相続の承認や放棄の規定は適用されません。祭祀承継者は、祭祀財産を放棄することはできないとされています。

　そうなると祭祀承継者は、遺骨の所有権者となります。

　所有権は他人を害する形で一方的に放棄できないとされています。遺骨を自治体が管理するとなるとコストもかかりますので、自治体に迷惑をかけるような形で遺骨の所有権を一方的に放棄することができないと考えれば、自治体は祭祀継承者に対して、その所有物である遺骨を引き取るように請求することも認められそうです。

　ただ、自治体が故人の親族に対して遺骨を引き取るように請求してみても、実際に祭祀継承者ではないと主張され遺骨の引取りを拒否された場合、自治体が親族に対して、遺骨の引取りをさせることは困難かと思います。

　というのも、遺骨の所有者は祭祀継承者であるところ、祭祀継承者が明らかでない場合には、祭祀継承者を定める審判によりそれを定めることになるからです。

　この祭祀継承者を定める審判の申立権者は、当該祭祀財産の権利承継につき利害関係をもつ親族またはこれに準じる者（例えば内縁の妻、事実上の養子）（沼辺愛一「祭祀財産の権利承継者の指定に関する諸問題について(1)」ジュリスト393号127頁）と解されていることから、他人の遺骨を管理しているにすぎない者から、祭祀継承者を定める審判を申し立てられない可能性があり、遺骨の所有者を定めるということは難しいかもしれません。

　そうなると、自治体から遺骨の所有者＝祭祀継承者を特定して、遺骨の引取りを求めることは、事実上、難しいのではないかと思います。

Q32

引き取った遺骨の扱い―遺骨遺棄罪、送骨・散骨

遠縁の親族が孤独死したらしく、自治体から遺骨を引き取ってほしいという連絡がきました。

生前の交流はありませんでしたが一応親族だからと遺骨は引き取ったものの、骨壺が家にあるのも悩ましいです。

遺骨をごみ収集日に出してしまってよいのでしょうか。出してはいけない場合、どうにか遺骨を手放すことはできないでしょうか。

遺骨を捨てると遺骨遺棄罪となり刑事罰の対象になります。また、一度引き取った遺骨の所有権を放棄することはできません。

ただ、遺骨をお墓や納骨堂に納骨する義務まではありません。最近は安価な供養方法がありますので、それを選択することをお勧めします。

解　説

1　遺骨遺棄罪

刑法 190 条は「死体、遺骨、遺髪又は棺に納めてある物を損壊し、遺棄し、又は領得した者は、3 年以下の懲役に処する。」と定めています。

遺骨を遺棄した場合、刑法 190 条の遺骨遺棄罪に問われる可能性があります。

令和 2 年 1 月 22 日の報道でも、遺骨を男子トイレの個室に置いてきた人が遺骨遺棄罪で逮捕されたということがありました。これ以外にも、度々遺骨遺棄での逮捕の報道はされています。

どのような理由であっても、遺骨を遺棄しては犯罪になってしまいます。

例えば、自宅で保管するにしても少量の遺骨でよいので、残りは廃棄

したいと考えても、一度自宅に持ち帰った遺骨は祭祀のための祈念すべき遺骨に当たると考えられますので、供養に必要ない遺骨と考えたからといって廃棄することは許されないと考えられます。

2　納骨義務はあるか

　遺骨を引き取ったからといって、お墓や納骨堂に納骨をする義務まで負うわけではありません。

　捨てるわけではなく、骨壺のまま、自宅に保管していれば、それが法に触れることはありません。

　自宅に保管しておけば特に供養をしなければいけない法的な義務はありませんので、遺骨を引き取ってしまったが、特に費用をかけて供養はしたくないという場合は、単に自宅で保管することになります。

　最近では、供養をする目的で自宅に骨壺を保管している人もいます。

　自宅供養を前提としたスタイリッシュな仏壇も用意されていますので、もし自宅で保管したい方は調べてみるとよいかと思います。

　なお、自宅に保管しておけば法には触れませんので、特に供養をすることなく倉庫にしまっておいても問題はありません。

　ただし、自宅の庭であっても埋めると焼骨の埋蔵（墓地埋葬法4条1項）になってしまいますので、埋めないようにしてください。

3　遺骨が自宅にあると不吉だという場合

　遺骨を自宅に持ち帰ったが、自宅に遺骨があることを疎ましいと思う方もいます。現に、遺骨遺棄罪についてのニュースでも、遺骨を捨てた動機として、女性と同棲することになり遺骨が邪魔になったからと報じられていました。

　このように自宅に遺骨は置いておきたくないが、お金をかけてまで納骨はしたくないという場合には、どのような対応をとればよいのでしょうか。

⑴送骨

　まず考えられるのは、「送骨」という方法です。

　送骨は、お寺に遺骨を送るとお寺で合葬してくれるというものです。

　私が知る限りでは、安価でかつ宗教的に供養をしてもらう方法として

郵便はがき

１７０－８７９０

７０９

東京都豊島区南長崎3-16-6

日本加除出版株式会社

営業部営業企画課　行

|||||||||||||||||||||||||||||||||||||||||||||||||||||||

ご購入ありがとうございました。
今後の書籍発刊のため、お客様のご意見をお聞かせいただけますと幸いです。

お名前	
ご職業	
ご住所	〒
TEL	

◇書籍名

◇本書を何を通してお知りになりましたか？

販 売 場 所： □展示販売　　□斡旋　　□書店
広　　　告： □新聞　　　　□雑誌　　□ネット広告
　　　　　　 □当社EC　　 □DM
そ　の　他：(　　　　　　　　　　　　　　　　　　　　　　)

◇本書に対する意見・感想をお聞かせください
　また、今後刊行を望まれる企画がございましたら、
　お聞かせください

は送骨が一番よい手段だと思います。

　なお、お寺に送る際には、日本郵便のゆうパックを用いることになります。

　代表的な宅配業者であるヤマト運輸や佐川急便などは「紛失時の責任が取れない」として遺骨の配送は受けていません（ヤマト運輸：宅急便約款6条7号イ、佐川急便：飛脚宅配便・飛脚ラージサイズ宅配便約款6条7号イなど）。

　墓地埋葬法14条は、「墓地の管理者は、第8条の規定による埋葬許可証、改葬許可証又は火葬許可証を受理した後でなければ、埋葬又は焼骨の埋蔵をさせてはならない。」とあるため、お寺に送骨する際は、遺骨だけでなく火葬許可書（火葬済印があるもの）を同封します。

(2)遺骨を自身で撒くことができるか

　送骨も一定の費用はかかってしまいます。

　それでは、遺骨を自身で散骨してしまうということは許されるのでしょうか。

　私見ですが、山中や森の中に自身で遺骨を撒くことは避けた方がよいのではないかと思います。

　まず、山中で遺骨を撒き、その上から土や落ち葉をかける行為は、一般的には「焼骨の埋蔵」（墓地埋葬法4条）に当たります（平成16年10月22日健衛発1022001号）。そのため、山中で遺骨を撒き、その上から土や落ち葉をかける行為は行ってはいけません。

　焼骨を山中などで散骨した場合、上に土や落ち葉をかけることはできませんので、第三者が遺骨を発見してしまう可能性があります。第三者が発見した場合、第三者からするとその遺骨が廃棄されたのか散骨されたのかの区別はつきません。一般に、焼骨をそのまま山中に散骨するという行為は、社会通念上埋葬と認められる態様での埋葬とはいえませんので、遺骨遺棄罪に該当すると判断される可能性が高いと考えます。

　また、通常、山であっても森であっても、誰かの所有地になっています。通常は、自身の土地に知らない人の遺骨を撒かれるのは嫌でしょうし、知らない人の遺骨が撒かれている土地ということが分かれば、土地の評価も下がる可能性があります。そのため、土地の所有者の承諾なしに、勝手に遺骨を撒くということは民事上の不法行為に該当する可能性

第2章

があると考えます。

　そうなると、山中や森林に散骨をする場合、第三者から見て遺骨と分からない程度に粉末化すること（粉骨）、散骨をした後に、土や落ち葉をかけないこと、土地の所有者の承諾を取ることという条件は最低限満たす必要はあるかと思います。

　そのような条件を満たすことも難しいので、自身で山中に散骨をするということはあまりお勧めできません。

　なお、散骨については、葬送方法には強い地域差があることから条例で定めることが適当とされており（「これからの墓地等の在り方を考える懇談会報告書」厚生省（当時）、平成10年6月）、現に散骨について、秩父市や長沼町のように条例で禁止している自治体もあります。そのため、もし、陸上での散骨を希望するというのであれば、できれば民間が経営している散骨場を利用し、例えばお金がかからないからというような理由で安易に山中に散骨するようなことは避けるべきです。

　他方で、海は、土地と違って誰のものでもありません。最判昭和61年12月16日（民集40巻7号1236頁）は、海は公共用物であり、公法的な支配管理に服するとして、海を所有権の対象とすることを否定していますので、海の所有者はいません。

　また、海での散骨であれば、遺骨は比重の関係で沈むらしいので、第三者に発見されるという可能性も極めて低いかと思います。

　そして、Q35で詳述するとおり、現在のところ海洋散骨は規制されていませんし、海洋散骨をする許可というものは想定されていませんので、海洋散骨業者でないとできないということもありません。

　したがって、海洋散骨をすること自体は自由かと思います。

　ただ、海洋散骨を良しとしない方々もいますし、とりわけ漁業や観光業の方々とトラブルになる可能性もありますので、可能な限り専門業者に依頼するべきかと思いますし、もし個人で行うに際しても、一般社団法人日本海洋散骨協会の「日本海洋散骨ガイドライン」に準じて、粉骨をする、人目に付かない場所で行う、漁場や海水浴場、ダイビングスポットなどは避けるなどの配慮をすることが望ましいと考えます。

Q33

自治体で保管され引き取られない遺骨の扱い

　　孤独死した方の遺体を誰も引き取らないため自治体の費用で火葬をし、その焼骨を自治体で預かっています。
　　遺骨を預かるに当たり、どのような点に気を付ければよいでしょうか。

　　引取手のいない遺骨の扱いを定める基準はありませんが、内規を設けるなどして適切な対応をすることが望まれます。

第2章

解　説

1　遺骨の廃棄はできないと考えられる

　　Q32で説明したとおり、遺骨を廃棄すると遺骨遺棄罪（刑法190条）に当たります。

　　そのため、自治体といえども、骨壺に入った遺骨を廃棄してしまっては、遺骨遺棄罪に抵触する可能性があるのではないかと考えます。

　　大審院第一刑事部判決明治43年10月4日（刑録16輯1608頁）は、遺骨遺棄罪における「遺骨」は祭祀のための祈念すべき遺骨とし、火葬場に置いていった残骨は、刑法190条の対象ではないとしています。このことからも火葬場に残る残骨灰と骨壺に入れて火葬場から持ち帰りいったんは自治体で保管されている遺骨とは当然扱いが異なると考えます。

2　引き取られない遺骨の行方

　　平成31年1月26日付けの産経新聞の報道によれば、大阪市では平成30年中に2366柱の遺骨が無縁墓に合祀されており、死亡者の12人に1人が無縁遺骨になっているとのことです。また、千葉県市原市では、生活保護受給者や身元が分からない人の遺骨57柱が庁舎内のロッカーに

保管されていたと報じられました。

　この点、身元不明者や、独り身で死体の埋・火葬を行う者がないとき又は判明しないときは、墓地埋葬法に基づき死亡地の市区町村が埋・火葬を行うことが定められていますが、火葬した後の焼骨の埋蔵については、法律で規定されていません。

　自治体によっては、焼骨について保管期間や保管場所について内規等で定めているところもあります。

　例えば、神戸市行旅病人及行旅死亡人取扱法施行細則では、下記のように遺骨の一時保管場所、保管方法、保管期限、保管期限後の扱いについて、詳しく定めています。

（遺骨の保管等）

　第6条　区長は、行旅死亡人を火葬した場合において、遺骨を引き取る者のないとき又は引き取る者が明らかでないときは、神戸市立舞子墓園附属納骨堂（以下「舞子墓園」という。）において、これを保管するものとする。

　2　前項の規定による遺骨の保管期間は、特別の理由のない限り、5年間とする。この場合において、その起算日は、舞子墓園に納めた日の属する年度の翌年度の4月1日からとする。

　3　区長は、前項の保管期間の経過後は、神戸市立鵯越墓園に無縁仏として納骨するものとする。

　しかしながら、全ての自治体がそのような規程を設けているわけではありません。

　この点、国会では、自治体が管理している焼骨の行方について、質問主意書が出されています。

　「生活保護受給者等の遺骨が庁舎内に長期保管されていたことに関する質問主意書」（平成30年11月16日）では、引取手がいない遺骨について、国として一定の考えを示したり、自治体に対して内規を設けるように求めたりするかと質問されています。

　これに対しては、政府としては、市町村において埋・火葬が行われるので国として対応はしないという回答をしています。

　ただ、遺骨が長期間、庁舎のロッカーで保管されるということは望ま

しいことではなく、また故人の尊厳にも関わります。

　各自治体においては、引取手のいない遺骨についての一時保管場所、保管方法、保管期限の扱いなどを内規で定めるなど、適切な対応をされることが望ましいでしょう。

第2章

Q34

遺骨を火葬場に置いてくることができるか

　遠縁の親戚が孤独死したらしく、やむを得ず遺体を引き取りました。

　これから遺体を火葬に付すのですが、遺骨を引き取ると廃棄もできませんし、自宅に置いておくのも不吉ですし、供養すればお金がかかってしまいます。

　火葬場に遺骨を置いてきてしまってよいものでしょうか。

　火葬後に遺骨を全量置いてきてよいかは、斎場の利用規約によります。

　利用する斎場に事前に確認してみてください。

[解　説]

1　火葬場への遺骨の残置

　遺体を引き取り火葬まではする、しかし、納骨には費用がかかるのでそこまではしたくないが、自宅で保管するのも不吉だから斎場に焼骨を置いてきたい、ということを考える方もいます。

　遠縁の方の孤独死の場合、そこまで費用を負担したくないというのは、やむを得ない心情かと思います。

　このように焼骨を斎場に置いてくることは、宗教学者である島田裕巳氏は「0（ゼロ）葬」と表現しています（『0葬——あっさり死ぬ』（集英社、2014）。

2　斎場の規約による

　それでは、この方法は法的に許されるのでしょうか。

　結論から言えば、これは、斎場の利用規約によります。

　斎場によっては、「斎場を使用した者は、焼骨を引き取らなければならない。」（横浜市斎場条例4条1項）のように焼骨の引り取りを義務と

しています。そのように遺骨の引き取りが義務付けられているにもかかわらず、斎場の承諾を得ずに遺骨を置いてきた場合には、遺骨遺棄罪に該当すると判断されるケースもあり得ます。

　他方で、関西ではもともと焼骨の3分の1程度のみを骨壺に収骨し、残骨は置いてくるという部分収骨の慣習です。

　もともと遺骨は斎場に置いてくることが想定されていますので、部分収骨をせずに全量を置いてくるということも比較的認められやすいようです。

　ただし、上記は一般論であり、遺骨の引取りを求められたが斎場にお願いをすることで置いてくることができたという例もあります。また、全量を置いてくるには事前申請が必要な例もあるようです。

　遺骨を全て火葬場に置いてきたいのであれば、事前に可能かを確認するようにしてください。

第2章

Q35

海洋散骨について

孤独死した親戚の遺骨を引き取りました。
お墓を持っていないですし海洋散骨をすることにしよう
と思うのですが、海洋散骨はしてもよいのでしょうか。

海洋散骨についてはグレーな行為といわれることがあり
ますが、一律に違法となるわけではありません。
　ただし、トラブルになる可能性もあるため、適切な態様
での散骨をする必要があります。

解　説

1　遺骨遺棄罪との関係

　海洋散骨はグレーな行為といわれることがありますが、散骨が「グ
レーな行為」と指摘される背景には、遺骨を廃棄することを禁止した遺
骨遺棄罪という犯罪があることが挙げられます。

　刑法190条は、「死体、遺骨、遺髪又は棺に納めてある物を損壊し、
遺棄し、又は領得した者は、3年以下の懲役に処する。」と規定してお
り、遺骨を遺棄することは犯罪となります。

　散骨は、文字どおり遺骨を地面や海面に撒く行為です。遺骨をお墓や
納骨堂に入れずに撒くという行為は、一見すると遺骨を遺棄しているよ
うにも見えてしまいます。

　そこで、海洋散骨は遺骨遺棄罪に該当するのではないかという指摘が
されていました。

　もっとも、そもそも、刑法190条の保護法益は死者に対する社会的風
俗としての宗教的感情といわれています。

　そうであれば、もし遺骨を海に撒くという行為をしていたとしても、
それが死者に対する礼節を欠くような態様ではなく、死者を弔う一環と
して行われているのであれば、わざわざ犯罪とする必要がありません。

そこから、遺骨遺棄罪における「遺棄」とは「社会通念上埋葬と認められない態様で放棄すること」と理解されています。すなわち、「社会通念上埋葬と認められる態様」であれば、遺骨を撒いたとしても直ちに遺骨遺棄罪にはならないのです。

そして、海洋散骨が「社会通念上埋葬と認められない態様」であるかについては、平成2年に法務省刑事局が「刑法第190条の規定は社会的習俗としての宗教的感情などを保護するのが目的だから、葬送のための祭祀で節度をもって行われる限り問題ない」という見解を述べたとされています。このような見解を述べたか否かについては争いがあり、私は今となってはそれが公的見解か私的見解か、見解が述べられたことについての確認が取れません。

しかし、その後の海洋散骨の状況を見る限り、「節度をもって」散骨をしている限り、いきなりそれが刑事罰の対象となるという事態は考えづらいといえます。

2　墓地埋葬法との関係

また、海洋散骨は墓地埋葬法に記載がないことも、グレーな行為だといわれる理由でもあります。

墓地や埋葬方法については、墓地埋葬法に定めがあります。

確かに、墓地埋葬法4条1項は「埋葬又は焼骨の埋蔵は、墓地以外の区域に、これを行つてはならない。」とするのみで、埋葬と焼骨の埋蔵しか規制の対象にしておらず、散骨に関する記述は一切ありません。

もっとも墓地埋葬法は規制をするための法律ですので、墓地埋葬法に散骨に関する記述がないということは、散骨は墓地埋葬法で規制をしていないということであり、規制がされていない以上は禁止されていません。

この点、散骨が墓地埋葬法の規制の対象か否かについては、厚生省（現：厚生労働省）の生活衛生局が平成10年6月に発表した「これからの墓地等の在り方を考える懇談会報告書」という報告書から読み解くことができます。

報告書においては、「散骨は、墓地埋葬法の立法当時、社会的事実がなかったためにあえて規定しなかったものと考えられる。」とした上で

「散骨が公衆衛生上の問題を生じたり、社会通念上国民の宗教的感情を
損なうような形で行われるのでなければ現行法上特に規制の対象とする
必要がないというのが現在の行政の考え方であり、これは是認できるも
のである。」としており、散骨が公衆衛生上の問題を生じたり、社会通
念上国民の宗教的感情を損なうような形で行われない限り、規制の対象
にはならないとしています。そして、「墓地、埋葬等に関する法律の疑
義について」（平成26年6月3日健衛発0603第1号回答）は、ご遺族が故
人の意志を尊重し、公衆衛生その他の公共の福祉に問題を生じないよう
に節度をもってご遺骨を自然に撒くことは、墓地埋葬法において、直接
禁止されるものではないとしています。

　これらのことからしても、厚生労働省も、散骨は、原則として規制の
対象にはなっていないと考えていることが伺い知れます。

　地方自治体によっては、海洋散骨のために改葬許可証を発行してくれ
るところもあります（例えば熊本県宇城市）。その場合、改葬場所の欄に
「散骨する海域」を、改葬理由として「散骨」という記載をしてくれま
す。

　改葬許可証は、地方自治体が発行する公的な文書です。公的な文書で
ある改葬許可証に「散骨」の記載をしてくれる自治体があることからし
ても、海洋散骨がグレーな行為ではなく、実務上適法な行為として扱わ
れていることが分かります。

3　海洋散骨に対する規制

　「これからの墓地等の在り方を考える懇談会報告書」では、散骨に関
する規制の在り方について、「規制の方法については、国民の習俗に関
する重要な事項に関わるものであるので、議会が制定する法規である法
律又は条令によることが必要」とした上で、「葬送方法には、強い地域
差があると考えられること、また、墓地埋葬に関する規制権限は地方自
治体法上団体委任事務とされている（現在は自治事務）ことから、それ
ぞれの地域の実情を踏まえて、条例で定めることが適当」としています。

　現状、海洋散骨そのものを禁止した条例はないものの、静岡県の熱海
市や伊東市などでは、海洋散骨事業者に対するガイドラインが公表され
ています。

　また、海洋散骨事業者の業界団体である一般社団法人日本海洋散骨協会では、海洋散骨をめぐるトラブルを防止するため、遺骨を粉骨すること、人が立ち入ることができる陸地から1海里以上離れること、一般船客がいる船舶や漁船では行わないことなど「海洋散骨ガイドライン」を設けています。

　個人で散骨をする場合も参考にしていただければと思います。

4　ガイドラインの公表

　令和3年3月31日、厚生労働省のホームページにおいて、「散骨に関するガイドライン（散骨事業者向け）」が公表されました。厚生労働省が散骨に関するガイドラインを公表したことにより、散骨が違法か否かという議論には終止符が打たれたといえるでしょう。

　この「散骨に関するガイドライン（散骨事業者向け）」は、近年、葬送の在り方に関する国民の意識の変化に伴い、新たな葬送として散骨が広がりつつあるところ、このような状況を踏まえ、令和2年度厚生労働科学特別研究事業「墓地埋葬をめぐる現状と課題の調査研究」において、散骨に関する調査研究が実施され、同調査研究において、取りまとめられたとされています。

〈参考文献〉BOOK
海洋散骨についての考え方、実例については、私も執筆に加わっている村田ますみ編「海へ還る　海洋散骨の手引き」（啓文社書房、2018）に、実例や法律のことも詳しく書かれています。

Q36

お墓の承継

　遠縁の親族が亡くなりました。

　私はお墓をもっていないので、その親族の遺体を引き取り葬儀を挙げるのであればお墓も承継しようと思っています。遠縁であってもお墓は承継できるものでしょうか。

　また、私はそのお墓を管理している寺院の宗派と異なるのですが、宗派が異なってもお墓に入れるのでしょうか。

　お墓は祭祀財産なので、祭祀承継者であればお墓の承継は可能です。ただし、管理規則で承継できる人の範囲が限定されていることもありますので、お墓の管理者に確認をしてみてください。

　また、宗派が異なることだけを理由に寺院墓地への埋蔵を拒否することはできないとされていますので、宗派が異なってもお墓に入ることは可能です。ただし、埋蔵の時の典礼をどのようにするかについては、争いになってしまう可能性があります。

解　説

1　お墓は祭祀財産になる

　お墓は祭祀に関する財産であり、相続とは関係なく、祭祀継承者が承継することになります（民法897条）。

　そのため、墓の承継をする者は、自身が祭祀継承者であることを示して承継手続をすることになります。

　都立霊園のケースでいうと、遺言により祭祀継承者が指定されている場合には遺言書、指定されていない場合には、祭祀を主宰していることが確認できる書類（使用者の葬儀一式費用の領収書、法事の施行証明（寺社等公印付き）等）、協議により定めた場合には協議書などを添付して、承

継を申請することになります。

　寺院墓地の場合には、寺院規則などで定めている手続によることになります。

　墓地の管理規約によりお墓を承継できる範囲を定められていることもあります。遠縁の方がお墓の承継を考えている場合、事前に墓地の管理者に確認を取ることをお勧めします。

2　宗派が異なる場合でも埋葬できるか

　墓地埋葬法13条は、「墓地、納骨堂又は火葬場の管理者は、埋葬、埋蔵、収蔵又は火葬の求めを受けたときは、正当の理由がなければこれを拒んではならない。」としています。

　それでは、宗派が異なる場合、埋葬の拒否をする正当の理由になるのでしょうか。

　この点、厚生省（当時）は、「墓地、埋葬等に関する法律第13条の解釈について」（昭和35年3月8衛環発8号）において、「宗教団体がその経営者である場合に、その経営する墓地に他の宗教団体の信者が埋葬又は埋蔵を求めたときに、依頼者が他の宗教団体の信者であることのみを理由としてこの求めを拒むことは「正当の理由」によるものとはとうてい認められないだろう」という内閣法制局の解釈を通知しています。

　このことから分かるとおり、宗派が異なるという理由だけで埋葬を拒否することはできません。

　もっとも、同通達は続けて、「法第13条はあくまでも、埋葬又は埋蔵行為自体について依頼者の求めを一般に拒んではならない旨を規定したにとどまり、埋葬又は埋蔵の施行に関する典礼の方式についてまでも、依頼者の一方的な要求に応ずべき旨を定めたものと解すべきではない。いいかえれば、このような典礼の方式は、本条の直接関知しないところであつて、もつぱら当該土地について、権原を有する者としての資格における墓地の経営者と依頼者との間の同意によつて決定すべきことがらである。したがつて、宗教団体が墓地を経営する場合に、当該宗教団体がその経営者である墓地の管理者が、埋葬又は埋蔵の方式について当該宗派の典礼によるべき旨を定めることはもちろん許されようから、他の宗教団体の信者たる依頼者が、自己の属する宗派の典礼によるべきこと

を固執しても、こういう場合の墓地の管理者は、典礼方式に関する限り、依頼者の要求に応ずる義務はないといわなければならない。そして、両者が典礼方式に関する自己の主張を譲らない場合には、結局依頼者としては、いつたん行つた埋葬又は埋蔵の求めを撤回することを余儀なくされよう」としています。

　つまり、宗派が異なるという理由での埋葬の拒否ではなく、当該寺院において埋葬をする以上は当該寺院の宗派の典礼によって埋葬するということは可能であり、埋葬を希望する者がそれを拒否しているのであれば、結局は埋葬はできないということになります。

　改宗離檀したものからの埋葬蔵の依頼を拒むことができるか争われた訴訟（津地判昭和 38 年 6 月 21 日判タ 146 号 174 頁）においても、原則としては埋蔵の依頼を拒み得ないとしつつも、埋蔵を無典礼で行うという依頼は寺院の定める典礼の施行を容認しない趣旨のものであるので、このような依頼に対しては、「自派の定める典礼の施行権が害されることを理由にして原告の本件埋蔵依頼を拒むことができるのであつて、このような理由による拒絶は墓地法第 13 条の正当な理由ある場合にあたると解すべき」と判示し、埋葬の拒否を認めました。

　上記裁判例は埋蔵を無典礼で行うという依頼の拒否を認めていますが、この点については、近時、埋蔵を無典礼で行うという依頼は拒否できないという裁判例もあります（宇都宮地判平成 24 年 2 月 15 日判タ 1369 号 208 頁）。

　これは寺院規則での定めがなかった事案ですが、寺院の定める典礼の方式に従い墓地を使用するとの黙示の合意の成立を認めつつも、「墓地使用権を承継した者が異なる宗派となった場合にまで上記の黙示の合意の拘束力が及ぶかどうかについて、これを定めた墓地使用規則はなく、また、その場合にも被告の典礼の方式に従うとの慣行があったことを認めることもできない。」とし、自宗派と異なる宗派の典礼の方式を行うことは拒絶できますが、無典礼の方式での遺骨の埋蔵は拒否できないと判示しています。

　このように宗派が異なる場合でも埋葬できるものの、埋蔵時の典礼については自由に選べない可能性があります。宗派が異なる場合には、事前に、寺院に宗派が異なる場合の埋蔵時の典礼について相談しておくこ

とをお勧めします。

〈参考文献〉 BOOK

お墓の承継、お寺との関係については、以下に詳しく載っているので、ご参考にしてください。

長谷川正浩編著『寺院の法律知識─適正な運営と紛争の予防』（新日本法規出版、2012）

長谷川正浩・村千鶴子・石川美明編『葬儀・墓地のトラブル相談Ｑ＆Ａ〈第2版〉』（民事法研究会、2021）

第2章

Q37

無縁墓の撤去

檀家が孤独死をしたのですが、墓を継ぐ者がいません。継ぐ人がいなくなった墓を撤去する場合、どのようにすればよいのでしょうか。

 一定の場合、無縁墓として改葬することができます。

解 説

1　無縁墓の撤去のための手続

　無縁墓の改葬手続については、墓地埋葬法施行規則に定められています。

　死亡者の縁故者がない墳墓又は納骨堂を無縁墳墓等といい、これを改葬するためには、①無縁墳墓等の写真及び位置図、②死亡者の本籍及び氏名並びに墓地使用者等、死亡者の縁故者及び無縁墳墓等に関する権利を有する者に対し1年以内に申し出るべき旨を、官報に掲載し、かつ、無縁墳墓等の見やすい場所に設置された立札に1年間掲示して公告し、その期間中にその申出がなかった旨を記載した書面、③②に規定する官報の写し及び立札の写真、④その他市町村長が特に必要と認める書類を添付し墓地のある市町村役場に改葬許可申請をする必要があります（墓地埋葬法施行規則3条）。

　縁故者の確認としては、墓碑の調査をし、遺骨ごとに死亡者の本籍、住所、氏名、性別、死亡年月日などを調査します。その調査をもとに戸籍やお寺の過去帳などを調査して縁故者の有無を確認します。

　それでも縁故者がいないという場合、死亡者の本籍・氏名等を官報に掲載し、墓地使用者等・死亡者の縁故者・無縁墳墓等に関する権利を有する者に対し、1年以内に申し出るべき旨の官報公告をします。また、併せて、死亡者の本籍・氏名を無縁墳墓等の見やすい場所に設置された

立札に1年間掲示して、墓地使用者等・死亡者の縁故者・無縁墳墓等に関する権利を有する者に対し、申し出るべき旨を公告する必要があります。

　それでも申し出る者がいない場合には、ようやく縁故者がいないということになります。

　同じ墓地内で合葬墓や人気のない他の区域、納骨堂に移すなど、同じ墓所同士でも改葬許可は必要となります。

2　墓地埋葬法の手続は改葬の手続

　「墓地、埋葬等に関する法律の施行に関する件」（昭和23年9月13日発衛9号通知）では、墓地埋葬法施行規則3条の手続は改葬に必要な手続を示しているだけであり、墳墓の所有権、地上権等の私法上の物権等の処置に関するものではないとしています。

　そのため、無縁墳墓と認定され改葬が認められたとしても、墓地の使用権、墓石の所有権など民法上の権利変更については、別の対応が必要になります。

　高松高判平成26年2月27日（LLI/DB判例秘書L06920123）は、「被控訴人は、法や規則の手続に従ったなどと主張するが、改葬を行おうとする場合には、法や規則の定める手続を実施しなければならないというにすぎず、これらの手続を履践したからというだけで、永代使用権を消滅させることができるものではない。」として、永代使用権の消滅には墓地埋葬法上の手続とは別の法律行為が必要である旨判示しています。

第2章

Column

無縁となった場合の具体的な手続

　相続人や祭祀継承者となるべき者がいないのであれば、相続財産管理人を選任して、相続財産管理人に撤去をしてもらうという方法も考えられます。もっとも、相続財産管理人選任には費用も時間もかかってしまいます。

　全く縁故者がいないという場合はどうしようもありませんが、1人でも縁故者がいるのであれば、実際にはその方に祭祀継承者となってもらい、墓地利用を終了する合意をした上で、改葬手続により合葬をしてしまうというのが一番時間も費用もかからないのではないかと思います。

　無縁墳墓となった場合、撤去費用や墓地の整地費用を自ら負担することになると考えれば、墓地の撤去にかかる費用を墓地側で負担してでも、縁故者のどなたかに祭祀継承者になってもらう方がよいと考えます。

　このように墓が無縁になってしまうと手続的にも費用的にも負担が大きくなってしまいます。墓地は管理者が祭祀継承者に管理費を請求していることが多いですが、管理費が滞納された場合には放置せずに連絡を取り、祭祀継承者が死亡していないか確認するなどして、無縁になってしまわないような工夫をしておくとよいでしょう。

Q38

遺品整理について

　一人暮らしのおじが亡くなりました。

　おじは賃貸物件に住んでおり、大家さんから遺品整理をして居室を明け渡すように言われています。

　おじは大した遺産を持っていないので相続放棄をする予定ですが、遺品整理をしてもよいものでしょうか。

　相続放棄をする予定の場合、遺品整理は断ってしまった方が無難です。もし、やむを得ず遺品整理をする場合であっても、単純承認とみなされないように注意が必要です。

　解　説

1　遺品の処理方法

　遺品も動産、つまり財産になります。

　相続は被相続人のすべての財産を一括して承継する包括承継であり、動産もすべて相続の対象になります。

　そのため、本来的には遺品も遺産分割の対象になり、相続人による合意がない限りは遺品の処理はできません。

　もっとも、実務上は、遺産分割調停や審判において、遺品が遺産分割の対象になることは極めてまれです。というのも、遺産分割調停、審判の対象とするには動産を特定する必要があります。雑多な遺品については特定性を欠くので遺産分割調停、審判の対象にはできないことが多いのです。

　また、家財道具や生活道具については、財産的な価値に乏しく、かえって処分費用がかかってしまうことが通常です。

　そのため、骨とう品や宝飾品はともかくとして、それ以外の遺品については、遺産分割の対象とはせずに、形見分けをした後、廃棄してしまうということが一般的かと思います。

　遺品整理や処分を自身で行うことが大変という場合、遺品整理業者に依頼するという方法もあります。

　そのことの是非はともかくとして、遺品整理業者の多くは、相続人からの依頼であれば、遺産分割終了前後を問わず、依頼を受けてくれます。

2　遺品整理と相続放棄

　上述のとおり、遺品は相続財産となります。

　相続放棄を考えている場合、相続人が遺品整理によって遺品を処分したら、「相続人が相続財産の全部又は一部を処分したとき」（民法921条1号）に当たり、単純承認をしたものとみなされるとも思えます。

　この点について、大判昭和3年7月3日（新聞2881号6頁）は、被相続人の衣類であっても一般に経済的価値を有しているものを形見分けをした時には、それが古来の習慣に基づく近親者に対する形見分けであっても単純承認とみなすとしていました。

　しかし、東京地方裁判所平成21年9月30日判決（ウェストロー・ジャパン）は、「民法921条1号の規定にいう「処分」とは、一般的経済価額のある相続財産の法律上又は事実上の現状・性質を変ずる行為のことであり、一般的経済価額のない物の廃棄はもとより、経済的に重要性を欠く形見分けのような行為は、同号の「処分」には当たらないと解するのが相当」と判示した上で、ノートパソコン、ブラウン管式テレビについて、「廃棄したり、あるいは形見分けのような趣旨で自らこれを取得したり第三者に譲渡したりしたとしても、その行為が民法921条1号の「処分」に当たるとまでは認めるに足りない」としました。

　他方、東地判平成12年3月21日（家月53巻9号45頁）は、単純承認とみなされる事由の一つである民法921条3号の「隠匿」について「同条3号の規定する相続財産の「隠匿」とは、相続人が被相続人の債権者等にとって相続財産の全部又は一部について、その所在を不明にする行為をいうと解されるところ、相続人間で故人を偲ぶよすがとなる遺品を分配するいわゆる形見分けは含まれないものと解すべきである。」としながらも、毛皮のコート3着とカシミア製のコート3着を含む遺品の全てを持ち帰ったことについて、持ち帰った遺品は「一定の財産的価値を有して」おり、「その持ち帰りの遺品の範囲と量からすると、客観

的にみて、いわゆる形見分けを超えるものといわざるを得ない」と判断し、単純承認したとみなしています。

このことからすれば、一般的経済的な価値がない物を廃棄すること、経済的に重要性を欠く物について形見分けをすること程度であれば単純承認とはみなされませんが、全ての財産的価値がある動産を持ち帰るようなものは、形見分けの範囲を超えて単純承認とみなされてしまうといえます。

3　遺品整理業者に依頼する際の注意点

遺品整理業者に対する支払を故人の遺産からしてしまうと、故人の遺産を費消したとして単純承認とみなされてしまう可能性があります。そのため、相続放棄をする予定の場合、遺品整理費用は、遺族が負担した方がよいでしょう。

また、遺品整理業者の多くは、遺品の整理業務や室内の清掃業務とともに古物買取をサービスに組み合わせています。遺品を売却すればその分遺品整理費用が安くなるので、通常は遺族にとってメリットなのですが、相続放棄を予定している場合には注意が必要です。

遺品整理業者に遺品を売却するということは、故人が有していた経済的価値のある動産全てを売却してしまうことになるので、単純承認とみなされてしまう可能性があります。

したがって、相続放棄をするつもりなのであれば廃棄物の処分にとどめ、経済的価値がある動産については処分をせずに保管しておいた方がよいでしょう。

〈参考文献〉 BOOK

実際の遺品整理については、以下の書籍をご参考にしてください。

吉田太一『「遺品整理」で困らないために知っておきたいこと』（PHP 研究所、2014）

Column

それでも遺品は整理してほしいと言われたら

　遺品整理をしたら単純承認に当たる可能性があるので、相続放棄をするのであれば、遺品整理はしない方が無難ではあります。

　ただ、賃貸人が遺品を撤去しようとすると相当の費用と時間がかかります（Q39参照）。

　高齢者に居室を貸してくれたにもかかわらず、最後にそのような迷惑をかけるのはしのびないと、可能な限り遺品整理はしたいと相談されることもあります。

　私見ではありますが、賃貸物件については早期に引渡しをすることが賃貸人にとってもメリットであると同時に、早期にすればそれ以降の賃料も発生しない点、自ら室内の動産を処分して引き渡した方が、貸主が原状回復をするよりも費用が安くなる可能性がある点などから相続財産の減少を防ぐというメリットもあります。

　早期に遺品を処分した方が相続財産の減少を防げますし、単に廃棄処分するよりも売却可能な動産を適正価格で売却をした方が相続財産は増えます。

　そのような事情を考えると、相続財産の減少を防ぐために、早期に遺品整理を実施し、適正な価格で居室内の遺品を換価し、その換価金を遺産としてとっておくまたは遺品整理費用に充当し、次順位の相続人や相続財産管理人に引き継ぐ方が、相続財産が保持できますし、その方が相続財産に対する債権者にとっても引当てとなる財産が保持できておりメリットがあるといえます。

　遺品整理の過程で単なる家財道具や生活用品に処分価値がついてしまったのであれば、遺品整理の際に売却し換価金を分別管理しておき、債権者から問い合わせがあった場合には隠匿をせずにその旨回答する、相続人が確定したらその相続人に引き継ぎ、相続財産管理人が選任された場合には相続財産管理人に遺品の処分内容を報告して換価金を引き継ぐという対応をしている限り、単純承認に当たるとして紛争になる可能性は低いと考えます。

Q39

賃貸物件の明渡し

　一人暮らしの高齢者に居室を貸していたところ、亡くなってしまいました。
　居室内の動産については、どのように処分すればよいでしょうか。

 　自力救済は禁止されており、貸主が勝手に処分をすることはできません。
　相続人に処分をしてもらうか、法的手続により明渡しをしてもらうことになります。

解　説

1　自力救済の禁止

　貸室内で一人暮らしの方が亡くなった場合、遺族が居室内の動産を処分するまでの間、貸室を貸すことができなくなってしまいます。

　そのような場合、賃貸人が、勝手に動産を処分してしまうことはできません。勝手に動産を処分してしまうと器物損壊罪（刑法261条）などの犯罪になりかねません。

　自力救済の禁止といい訴訟などの司法手続によらずに実力をもって権利回復を果たすことは認められていないのです。

　賃貸人が居室内の動産を処分するためには、動産の所有者となる相続人に動産を処分してもらって居室を明け渡してもらう、相続人から居室を明け渡してもらい動産の処分について同意をもって処分をするなど相続人の協力を得るか、それができない場合には、訴訟等の法的手続により解決するしかありません。

　なお、大阪高判令和3年3月5日（裁判所ウェブサイト）は、「原契約賃借人本人と連絡がとれない状況の下、電気・ガス・水道の利用状況や郵便物の状況等から賃借物件を相当期間利用していないものと認められ、

かつ、賃借物件を再び占有使用しない原契約賃借人の意思が客観的に看取できる事情が存するときに、原契約賃借人が明示的に異議を述べない限り、賃借物件の明渡しがあったものとみなす権限を……付与する条項」を適法と判断しています。現在、上告中のようですが、この判断が維持された場合、高齢者の死亡で相続人が居住しないと明言しているような場合に明渡しとみなす条項を設けることができる可能性はあります。

2　法的な手続

　居室内の動産も賃貸借契約における賃借人の地位も相続人に相続されます。

　したがって、賃貸人としては、借主の相続人に対して、賃料の不払を理由に賃貸借契約を解除し居室の明渡しを求めて訴訟提起するというのが基本的な手続になります。

　そして、訴訟により判決を取得した上で、強制執行により居室の明渡しを実現させることになります。

3　相続人がいない場合の法的手続　～特別代理人の選任

　当初から相続人がいない場合はもちろん、相続人が全員相続放棄をした場合も相続人が不存在となり、賃借人の地位も動産の所有権も相続する人がいなくなってしまいます。

　そのような場合、相続財産管理人の選任を申し立て、相続財産管理人から引渡しを受けたり、動産の処分をしてもらうことになります。

　ただ、相続財産管理人の選任には時間もかかり、また予納金などの費用もかかってしまいます（Q18 参照）。

　そのような場合、相続人が誰もいないことを理由に特別代理人を選任してもらい、特別代理人相手に訴訟提起や強制執行申立てをすることができます（大決昭和 5 年 6 月 28 日民集 9 巻 640 頁、大決昭和 6 年 12 月 9 日民集 10 巻 1197 頁）。

　民法 951 条により相続人のあることが明らかでないときは、相続財産は相続財産法人となります。そして、相続財産法人の代表者となる相続財産管理人が選任されていない場合、民事訴訟法 37 条、35 条により、代表者のない法人たる相続財産に対し訴訟行為をしようとする者は受訴

裁判所の裁判長に対し特別代理人の選任を申請することができるのです。

　特別代理人選任の方が相続財産管理人選任よりも費用も時間がかからないことから、単に明渡しを求めるような場合には、特別代理人選任の方がよいと考えています。

　特別代理人選任申立書については Q30 の書式をご参照ください。

第2章

Column

抵当権者への連絡

　この特別代理人の選任は、故人が所有していた不動産の抵当権者が強制執行を申し立てる場合にも用いることができます。

　故人が多重債務を苦に自死したような場合、相続人は皆相続放棄をしてしまい、相続人がいなくなります。そのような場合、債権者としては、特別代理人の選任という手法を用いて抵当権の実行をすることができます。

　しかし、故人の債権者が特別代理人選任によって権利行使できるということを知らないこともあります。

　私は、自死遺族側の代理人として相続放棄手続を行うも相続財産管理人選任申立ては受任しない場合、相続人全員の相続放棄手続が終わった段階で、抵当権者に対して、特別代理人選任の方法により権利行使ができる旨の案内をするようにしています。

　物件が早期に処分された方が債権者にとってもメリットがありますし、早期に相続放棄後の財産管理責任（民法940条）を免れる点で、相続放棄をした者にとってもメリットがあるのではないかと考えています。

残置物の処理のための死後事務委任契約

　令和 3 年 6 月 7 日に国土交通省から「残置物の処理等に関するモデル条項の策定について」が発表されました。

　これは、相続人の有無や所在が明らかでない単身者が死亡した場合に賃貸借契約の解除や残置物の処理をしやすくすることで単身高齢者が賃貸借契約の締結を拒否されることを防ぐことを目的としたものです。

　モデル条項は大きく 2 つに分かれていて、単身高齢者である賃借人が死亡した場合に、賃借人が第三者に対して、①賃貸借契約を解除する代理権、通知人から解除通知を受領する代理権を受理しておくという解除に関する条項と②残置物の廃棄、換価などの事務を委任するという残置物の処理に関する条項からなります。

　この条項を活用すれば賃貸借契約の解除や残置物の処分がスムーズに行えるようになるため、今後、高齢単身者と賃貸借契約を締結する際は、残置物の処理等に関する死後事務委任契約を締結することが主流になっていくものと考えます。

　なお、残置物処理などを誰に委任すべきかですが、理想は賃借人の法定相続人となる者のうちの 1 人になってもらうことです。ただ、そのような協力を仰げない賃借人もいますので、そのような場合、居住支援を行う社会福祉法人または賃貸物件の管理業者のような第三者に受任者になってもらうことになります。

　賃貸物件の管理業者が受任者となった場合、賃貸人の利益を優先することなく誠実に賃借人の利益のために対応する必要があります。

Q40
居室内での孤独死の損害賠償

　　一人暮らしの高齢者に賃貸物件を貸していたところ、貸室内で孤独死し、死体が腐敗して居室内が損傷しました。
　　そのような場合、相続人や連帯保証人に対し、損害賠償請求はできるのでしょうか。
　　また、居室内で死亡した場合、次の賃借人に対して、その旨を告知する必要があるのでしょうか。

第2章

　　死因が自殺の場合の多くは、損害賠償が認められます。他方で、自殺以外の死因であった場合には、裁判所の判断が分かれる可能性はあります。
　　単に死亡しただけであれば告知する必要はないと考えますが、死体が腐敗して屍臭などが周囲に漏れていたような場合には告知義務が生じると考えます。

解　説

1　死亡の原因が自殺の場合

　賃貸借契約の賃借人は、居室の引渡しを受けてからこれを返還するまでの間、居室を善良な管理者の注意義務をもって使用収益する義務を負います。

　そして、上記善管注意義務には、本件居室を物理的に損傷しないことのみならず、同居室において自殺等の事故を起こさないことも含まれると解されています（東京地判平成29年4月14日LLI/DB判例秘書L07232438）。

　したがって、入居者が自殺した場合には、債務不履行になり、損害賠償義務を負います。

　その損害賠償義務は連帯保証の範囲内となりますので、賃貸人は連帯保証人に損害賠償請求することができます。また、損害賠償義務も相続されますので、賃貸人は相続人に対しても損害賠償請求できます。

　損害の範囲は、修繕費用の他、自殺した物件については心理的瑕疵が
ある物件となってしまい、自殺後相当期間成約できなかったり、賃料を
大幅に減額しないと借り手がつかないという状況が続くこととなります
ので、その逸失利益も損害賠償が認められます（東京地判平成23年1月
27日ウェストロー・ジャパン）。

2　死亡の原因が自殺以外の場合

　これに対して自殺以外の場合には裁判所の判断は分かれているといえ
ます。

①否定例

　東京地判平成19年3月9日（ウェストロー・ジャパン）は、建物の
賃貸人が、当該建物を社宅として使用していた賃借人に対し、賃借人
の従業員が当該建物内で脳溢血により死亡したことについて、当該従
業員に履行補助者としての過失があるなどとして、主位的に債務不履
行、予備的に不法行為に基づく損害賠償として建物の価値下落の損害
等を請求した事案です。

　同判決は、「そもそも住居内において人が重篤な病気に罹患して死
亡したり、ガス中毒などの事故で死亡したりすることは、経験則上、
ある程度の割合で発生しうることである。そして、失火やガス器具の
整備に落度があるなどの場合には、居住者に責任があるといえるとし
ても、本件のように、突然に心筋梗塞を発症して死亡したり、あるい
は、自宅療養中に死に至ることなどは、そこが借家であるとしても、
人間の生活の本拠である以上、そのような死が発生しうることは、当
然に予想されるところである。したがって、老衰や病気等による借家
での自然死について、当然に借家人に債務不履行責任や不法行為責任
を問うことはできない」と判示し、損害賠償を認めませんでした。

　そして、居室内で死亡したことについて、何らの過失や落ち度も認
められないから、仮に、本件建物内において居住者が死亡したことに
より、事実上本件建物の価値が減価したとしても、損害の賠償を請求
することはできないとしました。

　また、原状回復義務についても、借主側の故意過失による経年変化
とはいえない損傷が発生していることは立証されていないとして借主

の原状回復義務も否定しました。

　この判決の判断の枠組みに従えば、賃貸建物で賃借人が自然死した場合には、自然死は義務違反や過失があるとはいえないので、損害賠償責任は発生せず、賃貸借契約の終了に当たっても、一般的な原状回復義務は生じるものの、死亡によって汚損した部分の修理やリフォームは含まないということになります。

②肯定例

　i　東京地判昭和58年6月27日（判タ508号136頁）

　　同判決は、建物部分内において死亡し、死体が同室内に放置されたため腐乱死体となり、同死体から本件建物部分の床面に流出した悪臭に満ちた汚物・体液が床コンクリートまで浸み込み、これによって、屍臭が室内の天井・畳・建具その他に浸透すると同時に、同室に隣接する建物部分にまで悪臭が漂ったとして、相続人に対し、原状回復の不履行を理由とした損害賠償請求を求めた事案です。

　　同事案においては、以下の判断をしています。

　　(i)居室の修繕費用

　　　居室の修繕費用について、単なる清掃に留まらず、天井板、壁板、床板、ふすま等を取り替える必要がある、浴槽、便器等の住宅機器等も次の借主に対して嫌悪感を与えないために交換する必要があるとし、その費用を損害と認めました。

　　(ii)賃料相当額

　　　悪臭のため使用できなかった期間の賃料相当額についても、損害と認めました。

　　(iii)居室以外の原状回復費用

　　　原状回復の範囲は居室内に限られ、それ以外の部分には及ばないとし、居住していた部屋以外の修理の費用は認められませんでした。

　ii　東京地判平成29年2月10日（LLI/DB判例秘書 L07230963）

　　同判決は、死後1か月経ち、遺体に由来する体液が貸室の木製フローリングの床板の広範囲にわたり、また、同床板の裏側の建材にまで染み込んでおり、本件貸室には同体液によると見られる強い異臭が生じていた、貸室には腐敗物に起因すると見られる強い臭気が

第2章

存し、貸室内には多数の蝿やうじ虫がみられるという事案です。

　同事案について、本件貸室の汚損状況が通常の使用に伴い生じた損耗の程度を超えるといえることに照らすと、本件賃貸借契約に基づき、これを原状に回復すべき義務を負うというべきと判示し、損害賠償義務を認めています。

　損害賠償として、汚損や臭気発生原因が残存していないかを確認する必要があるとして、居室を解体しスケルトンとした工事費用やオゾン脱臭費用を損害と認めました。また、工事期間のみならず、新入居者が入居に至るには工事終了後1年はかかるとして、その期間の逸失利益も損害と認め、総額791万0586円の損害賠償を認めています。

　以上のように下級審の判断は分かれていますが、死体の腐乱が進んでいる事案では、自然死であっても損害賠償が認められる可能性は充分にあるため、相続人や連帯保証人に対して請求をしてみた方がよいのではないかと考えます。

3　告知義務について

　居室内で孤独死した場合、心理的瑕疵がある物件として、重要事項説明において告知義務があるのでしょうか。

　この点については、令和3年10月8日に国土交通省から「宅地建物取引業者による人の死に関する心理的瑕疵の取扱いに関するガイドライン」が公表されました。

　かかるガイドラインにおいては、他殺、自死、事故死その他原因が明らかでない死亡については告知対象とする一方で、老衰、持病による病死など、いわゆる自然死については、そのような死は当然に予想されるものであるから告知対象にする必要はないとされています。

　もっとも、自然死であっても、長期間にわたって人知れず放置されたことに伴い、室内外に臭気・害虫等が発生して特殊清掃等が行われたような場合は、告知の対象になるとしています。

　また、告知期間については、特段の事情がない限り、事案の発生から概ね3年間という目安も定められています。

　孤独死の全てが告知事項になってしまうと、居室内で死亡するリスクの高い高齢者に対して居室を貸そうとする人が少なくなってしまいます。そのため、告知事項についてガイドラインが設けられ告知対象や告知期間が明確になることは、単身高齢者が住宅を借りやすくなることにつながるといえます。

Column

孤独死による損害の回避

　居室内で死体が腐乱した場合に相続人に対して損害賠償請求できるとしても、相続人が相続放棄してしまえば、損害賠償請求の相手方がいなくなってしまいます。

　そのような場合、Q39のとおり、相続財産管理人選任や特別代理人選任などの手続を得て損害を回復することになります。

　もっとも、そのような方法は時間も費用もかかりますし、相続人が全員相続放棄をするような事案の場合、相続財産が乏しく、損害賠償請求が認められたとしても回収ができない可能性もあります。

　そのようなことを考えると、やはり連帯保証人を立ててもらうということが合理的な対応になってしまいます。

　また、民間の保険会社の商品の中には貸室内での自殺や孤独死に対応する保険もあります。原状回復費用や、値下げ家賃の一部について保険金でカバーされるようです。保証人による対応が難しい場合、このような保険に加入しておくとよいかもしれません。

　上述のとおり、単なる孤独死の場合と発見されず異臭が生じ周囲から指摘された場合とでは、告知義務の有無が異なってきます。また、腐敗した場合には体液や屍臭などにより居室の修繕費用も高額になります。そのようなことを考えると、死亡した場合にいかに早期に発見できるかが損害を抑える一番のポイントといえます。

Q41

自動車の処分

　おじが孤独死をしたのですが、生前に付き合いもなかっ
たので相続放棄をしようと思っています。
　おじは自動車を所有していたらしく、駐車場の貸主から
は自動車の処分をするように言われています。
　相続放棄をする予定なのに自動車を処分してしまっても
よいものでしょうか。

　相続放棄をする予定であれば自動車の処分には関与しな
い方がよいでしょう。ただし、対象となる自動車に財産的
な価値がないのであれば廃棄処分をしたとしても単純承認
とはみなされない可能性は高いので、処分に応じてもよい
かもしれません。

解　説

1　自動車の処分

　自動車も動産であり相続の対象になります。そのため、自動車の所有
権は相続人に帰属します。

　自動車を処分する場合、本来的には、遺産分割手続により自動車の名
義を相続人の名義に変更し、その上で自動車を譲渡したり、廃車手続を
とったりすることになります。

2　相続放棄を予定している場合

　相続放棄をする場合、自動車の名義変更をして譲渡してしまうと「相
続人が相続財産の全部又は一部を処分したとき」（民法921条１号）に当
たり、単純承認をしたものとみなされる可能性があります。

　そのため、基本的には、相続放棄を予定している場合には、自動車の
処分は自ら行わない方がよいといえます。

　駐車場が賃貸の場合、遺品整理の場合と同様、賃貸人に法的手続をとってもらい賃貸人に処分をしてもらうことになります（Q39参照）。

　駐車場が被相続人の所有地であれば、自動車をそのまま置いておくことになります。

　なお、自動車のローンが完済しておらず所有権が販売会社やローン会社のままであれば、販売会社やローン会社に連絡をして自動車を引き揚げてもらうという方法も考えられます。

3　どうしても自動車を処分をしたい場合

　事情によっては、相続放棄をする予定であるがどうしても処分をしたいということもあるかもしれません。

　そのような場合、対象となる自動車に財産的価値がないのであれば処分は可能です。

　Q38のとおり、一般的経済価額のない物の廃棄については単純承認事由たる「処分」に当たらないという裁判例があります（東京地判平成21年9月30日ウェストロー・ジャパン）。

　そのため、自動車に財産的価値がないのであれば、廃棄したとしても「処分」に当たらないといえます。自動車の価値については、普通自動車（新車）の減価償却期間は6年ですので、減価償却期間が経過しているかが一つの参考になります。

　自動車の廃棄をする場合、リサイクル業者に引き渡して解体処分をしてもらい、その上で管轄の運輸支局において永久抹消手続を行うことになります。

　相続した自動車を永久抹消する場合は、財産の処分行為ではないため名義を変更せず故人名義のまま、相続人の代表者が単独で申請を行うことができるとされています。

　車検残存期間が1か月以上の場合は自動車重量税の還付を受けることができますが、自動車重量税の還付を受ける権利も相続財産ですので、相続放棄をするのであれば還付は受けない方がよいでしょう。

　なお、軽自動車の場合には、軽自動車検査協会において手続を行うことになります。

第3章

孤独死の防止や
孤独死に備えた終活の準備

Q42

孤立死の防止

　一人暮らしの高齢者です。

　自宅で死ぬ可能性があることはある程度受け入れてはいるのですが、誰にも気が付かれずに腐敗してしまうという事態は避けたいです。

　いわゆる孤立死を防止するためには、どのような方法があるでしょうか。

　一人暮らしである以上、自宅で一人で亡くなってしまうという孤独死を完全に回避することはできないかと思います。

　ただ、万が一、自宅で亡くなってしまった場合、誰にどのように発見してもらうかを具体的に考えて準備しておくとよいでしょう。

　最近では独居の高齢者同士が知り合いを作りやすい企画が用意されたり、見守りサービスも提供されていたりしますので、検討を考えてみてもよいでしょう。

解　説

1　新たな縁を作る

　一人で生活している以上、居室内で亡くなってしまう可能性を完全に排除するということは不可能かと思います。

　それよりも、異常があった場合にはなるべく早く気付いてもらい、もし居室内で死んでしまったとしても早く発見をしてもらえるようにしておくというのが対策になるかと思います。

　人は、生まれてから死ぬまでずっと一人であるということはありません。血縁、地縁、社縁などの縁が必ずあります。ただ、高齢になっていくと、様々な事情からそれらの縁が機能していかなくなってしまう方が

いるのも事実です。自分が死んでも誰にも気付いてもらえないかもしれないと不安に思っている方は、是非、「結縁」を試みてください。

「結縁」は、もともとは仏教用語なのですが、私が尊敬するご住職は、血縁、地縁、社縁といった伝統的な縁ではない、新しい縁を作ることによって孤立することを防ぐための活動という意味で使っていました。

おひとり様は、決して、本当に「ひとり」なのではありません。周りを見渡せば多くの方たちがいるはずです。誰かに相談するということも、「結縁」のスタートかもしれません。

私の関わった案件でも「墓友」が遺体を見つけてくれたというケースもありました。納骨堂や合祀墓を事前購入する場合、同じような境遇、つまり一人暮らしで墓の面倒を見てくれる人がいない方々が集まっていることが多いと思います。事業者によっては、そのような方が横のつながりを持てるようにイベントなどを開催しています。そこで友人になった人が、イベントに参加していない依頼者を不審に思い、自宅まで確認に来てくれて遺体が発見されました。

その他にも例えば終活バスツアーなどを企画している旅行会社もあり、高齢者の一人暮らしの方々が新たな縁を作る機会が増えています。

是非、結縁にチャレンジしていただければと思います。

2　見守りサービス

親族はいるけれど、遠くに住んでいるし、働き盛りで忙しいからなかなか連絡は取れないと不安を抱かれる方もいます。

そのような不安を解消するために、最近では、自治体や企業が高齢者の見守り・安否確認サービスを提供しています。

例えば、郵便局も「みまもり訪問サービス」を提供していますし、ガスの利用状況を遠くの家族に配信するというサービスやインターネットに繋がっているポットが、離れている家族にポットの利用状況を知らせるサービスなどもあります。

このようなサービスを利用することで、高齢者の方がもし動けなくなったとしても、すぐに気付いてもらえます。

また、見守り契約というサービスを提供している会社や士業もあります。見守り契約は、司法書士や行政書士が任意後見契約などと一緒に提

供していることが多いように思えます。

　上記のような IT を用いた遠隔確認のサービスも万が一の際にその連絡を受け取る人がいないのであれば、利用できません。そのような場合、連絡を受け取る人についても死後事務委任契約を締結している方や遺言執行者に指名している方などと見守り契約も締結し、連絡の受取先になってもらっておくというのも一つの解決方法ではないでしょうか。

Q43

遺言① 遺言の作成

私には、相続人もおらず、交流している親族もいません。
私が死んだら、遺産は寄付をしたいのですが、遺言を書く際にどのような点に気を付ければよいでしょうか。
また、私が死んだ後の葬儀や納骨について、遺言に書いておくことはできるのでしょうか。

 遺言は公正証書遺言で作成することをお勧めいたします。寄付をしたい団体に事前に寄付の受付の有無などを問い合わせるようにしてください。
　遺言で葬儀や納骨について記載することは可能ですが、その実効性確保のためには工夫が必要です。

第3章

解　説

1　おひとり様の場合は公正証書遺言がよい

　遺言には、大きく分けて自筆証書遺言（民法968条）と公正証書遺言（同法969条）とがあります。秘密証書遺言（同法970条）は、実務上ほとんど使われていません。

　自筆証書遺言は、紙とペンと印鑑があればすぐに作れますし、特に費用もかからずに手軽です。

　しかし、おひとり様が遺言を作成する場合、次の理由から自筆証書遺言ではなく、公正証書遺言を作成することをお勧めします。

　1点目は、公正証書遺言は検認が不要であり（同法1004条2項）、すぐに遺言執行ができるということです。検認が必要となる場合、裁判所での手続に1～2か月かかるため、すぐに遺言執行をすることができないというデメリットがあります。この点、自筆証書遺言も法務局に預けた場合には検認が不要になりました（遺言書保管法11条、民法1004条1項）。ただ、遺言書内容の証明書を取得するには、相続人が確定する戸

籍を添付するか法定相続情報一覧図を添付する必要があるため、その取得までの間、遺言書内容の証明書の発行が受けられないというタイムロスは生じます。おひとり様の遺言の場合、葬儀や埋葬方法などすぐに遺言どおりに行ってほしい事態が生じますので、すぐに執行ができるというのは公正証書遺言のメリットの一つです。

　2点目は、信用性の高さです。公正証書遺言の場合、遺言者がその遺言書を作成したことが公証されており、信用性が高いといえます。財産処分以外の事実上の内容を記載していた場合、公正証書遺言に書いてあるからとその意を汲んでもらえることがあります。

　この点からも、おひとり様の遺言については、公正証書をお勧めします。

2　遺言による寄付の注意点

　遺言で相続人以外に寄付をするということは可能です。遺贈（民法964条）という扱いになります。

　遺言で団体に寄付をしようとする場合、対象と考えている団体に寄付の受入れをしているか確認をした方がよいでしょう。私が扱ったケースでも、依頼者が遺言により寄付することを希望していた団体に事前確認したところ、寄付を受け入れていなかったことがあります。

　また、寄付は現金のみで受け付けており、不動産では受け付けていないということもあります。亡くなっていざ寄付をしようとする段階で受け付けていないことが判明しては、最期の遺志である遺言が実現できなくなってしまいます。

　遺贈による寄付という思いが実現できるよう、対象と考えている団体に受入れの有無や寄付の対象について事前に確認をすることをお勧めします。

　なお、本事例では相続人がいないので関係はありませんが、配偶者、子、親については最低限相続する権利である遺留分（民法1042条）がありますので、配慮が必要となります。

3　清算型遺贈

　遺言により寄付する場合、遺産を換価して現金化してから寄付するこ

とが多いかと思います。

　そのような場合、遺言に、遺言執行者において、遺産の全部を換価し、被相続人の債務など必要な支払をしたうえで、残ったお金を遺贈するという清算型遺贈をすることになります。

　清算型遺贈の場合、遺言執行者が必要になりますので、あらかじめ遺言書で遺言執行者を定めておいた方がよいでしょう。

　清算型遺贈の遺言執行については Q44 で解説しています。

【遺言書文例】

> 　遺言者は、下記の不動産（※省略）を含む私の一切の財産を換価し、その換価金から私の一切の債務及び葬儀・遺品整理に関する費用、不動産売却手数料、不動産登記費用、不動産譲渡所得税等不動産売却に要する費用を支払い、かつ、遺言の執行に関する費用を控除した残金を、×××に遺贈します。

第3章

4　葬儀や納骨に関する記載

　私がおひとり様から依頼されて遺言書を作成する場合、遺言者の希望があれば葬儀や遺品整理、納骨等について遺言書に記載するということもしています。

　死後事務委任契約を作成するのではなく遺言に記載をするという方法をとっています。

　葬儀の主宰や遺品整理について、どの業者に依頼するということをあらかじめ記載し、その依頼について遺言執行者が行うように記載します。また、遺体を引き取る親族がいない場合、以下の文例のとおり遺体の引き取りについても記載するようにしています。

【遺言書文例】

> 　私は、自身の葬儀について、直葬、散骨を希望しています。葬儀・散骨の主宰及び手配（遺体の引取りを含む。）、事務的な処理、遺品整理などについて、××社と生前契約を締結していますので、遺言執行者がこの会社に依頼してください。

　遺言には遺産をどう分けるかなどの法で定められた事項（遺言事項）

にのみ法的効力があり、それ以外の事項については付言事項といい、法的な効力は生じません。

　上記文例が遺言事項となるか、それとも付言事項にすぎないかについては、確定的な判断はできませんが、これまでのところ公正証書遺言を作成する際には、葬儀の主宰に関する指定を記載することで祭祀継承に関連する事項として、付言事項ではなく遺言の本文として記載してもらえています。

　また、今のところ、上記文例の内容で問題なく、遺体の引取りを含めて死後の手続はできています。

　なお、二宮周平・犬伏由子他「遺言執行者の実務」（家庭の法と裁判30号31頁）では、座談会「葬儀の実行ということそれ自体は、遺言事項としての財産処分には含まれないということで、遺言執行者に対する葬儀の依頼というのは、遺言事項としての法的効力は認められないのではないか」との指摘がされています。

Column

公正証書遺言の事実上のメリット

　葬儀内容の希望や遺体を引き取る者を誰にするかなどは、祭祀に関する事項ともいえますし、ただの付言事項ともいえるかと思います。

　ただ、公正証書遺言の場合、その方が遺言書に記載していることを希望していたことは事実として公証されています。

　尊厳死宣言公正証書というものがありますが、これは事実実験公正証書にすぎず法的な拘束力はありません。しかし、公正証書で尊厳死を希望していたということは明らかになっているため、その意志が尊重されやすいという事実上の効力を有しています。

　それと同じく、公正証書遺言であれば、付言事項に過ぎない内容であっても、公正証書遺言でその遺志を表明していたということは明らかなので、その遺志が尊重されるという事実上の効力が期待できます。

　私が実際に取り扱ったケースで、入院している遺言者について、亡くなった後に遺体を親族以外の者が引き取ることを希望していたということがあります。入院している病院に親族以外の第三者が遺体を引き取ることの可否を事前に相談したのですが、その際は、公正証書遺言において第三者が死体を引き取ることを希望していることが明確なので第三者の遺体引取りに応じると回答されたことがありました。

　そのような経験から、公正証書の信用性の高さを考慮して、おひとり様の死後事務を含む遺言については、公正証書遺言を用いるようにしています。

第3章

〈参考文献〉 BOOK

遺言書の記載例については、以下が参考になります。

小倉顕他編『ケース別遺言書作成マニュアル』（新日本法規出版、2003）

NPO 法人遺言・相続リーガルネットワーク編著『遺言条項例 278 ＆ケース別文例集』（日本加除出版、2012）

山田知司『ケース別特殊な遺言条項　作成と手続のポイント―補充事項・付言事項、祭祀継承等』（新日本法規出版、2019）

Q44

遺言②　遺言の執行

　おひとり様から遺言執行者になるように依頼され、遺言
執行者に指定されています。
　遺言では慈善団体に寄付をするとの内容になっています。
　おひとり様の遺言の執行者として特に気を付けておかな
ければいけないことを教えてください。

　おひとり様が慈善団体に寄付をするという遺言の場合、
遺産を換価して現金化してから寄付をするといういわゆる
清算型遺贈の執行になることが想定されます。清算型の遺
言執行は、登記変更や税金など気を付けなければならない
ことが多いので、専門家の助言を受けながら進めることを
お勧めします。
　また、遺言者が死亡した場合に、きちんと連絡がくるた
めの工夫も必要です。

解　説

1　財産処分の公平性

　清算型遺言執行の場合、不動産を換価するという業務が発生すること
が多くあります。また、不動産に限らず、資産性の高いものを売却する
ことになります。

　その際、遺言執行者の知り合いの業者に安値で売却するなどしたら、
当然、遺族や関係者から疑念の目を持たれてしまいます。

　複数業者に見積りを取る、不動産を売却する場合、多数の不動産業者
に声を掛けて一番高い不動産業者に売却する入札方式を採るなど、売却
先や売却金額が公正であることを担保する方法を採用することをお勧め
します。

2　遺留分への配慮

　相続人に遺留分権者がいる場合、遺留分権者に連絡をし、遺留分を精算してから寄付することをお勧めします。

　そうしないと寄付を受けた慈善団体が遺留分権者との間で紛争を抱えることになる可能性があるからです。

　なお、遺言執行者を業として行っている方もいます。その場合、遺言執行者といえども、遺留分をめぐる紛争に関与すると非弁行為（弁護士法72条）に該当する可能性があります。

　遺言執行と非弁行為との関係については、日本弁護士連合会と一般社団法人信託協会との間の「日弁連と信託協会の協議会合意見　信託銀行が取り扱う相続関連業務（いわゆる遺言信託業務）について」（自由と正義45巻5号86頁）において「本人と推定相続人その他の者との間で現に法的紛争があり、または法的紛争を生じる蓋然性が極めて高いと認められる場合には、相談に応じない。」「遺言執行前にすでに法的紛争が生じており、遺言執行業務を遂行することが著しく困難と認められる場合には、遺言執行者に就任しない」とされている点を参考にするとよいかと思います。

3　登記について

　清算型の遺言執行において、遺言執行者が不動産を売却することは可能です。

　ただし移転登記には注意が必要です。

　まず、死者である被相続人から直接買主に移転登記をすることはできません。

　いったん法定相続人名義の登記に法定相続分の登記をし、それから買主への移転登記をすることになります。

　この相続登記は、遺言執行者が単独で申請することができるので、相続人の協力は不要です（昭和45年10月5日民事甲4160号民事局長回答）。

　相続人が不存在の場合には、相続財産は法人となりますので（民法951条）、いったん相続財産法人への名義人表示変更登記を行うことになります。

4　譲渡所得税について

　不動産の売却により不動産譲渡所得税が発生する場合、法定相続人に不動産譲渡所得税が課せられてしまいます。

　そのため、不動産譲渡所得税の発生の有無を確認し、不動産譲渡所得税が発生する場合、その分はあらかじめ控除して第三者への遺贈を実行する必要があります。

　また、不動産売却に先立ち、相続人に連絡をし、税務署からのお知らせがくる可能性があることなどを相続人に伝えておいた方がよいでしょう。自らが取得したわけではないのに課税されたり、税務署からお知らせがくる可能性があることを知らなければ、感情的になることが予想されます。

　この点、東京地判平成19年12月3日（判タ1261号249頁）は、遺言執行者が法定相続人に事前通知することなく不動産を処分したことについて、「相続人の知らないうちに、形式的に相続人に対して譲渡所得税や不動産取得税や固定資産税等が賦課される可能性があり、最終的には是正されるとはいえ、相続人を驚かせ、混乱させ、自己の印鑑が盗用されたのではないかなどと不安に陥れる可能性があることは明らかである」とし、遺言執行者としては、「相続人に対し、遅滞なく遺言執行者に就任したことを通知するか、又は、相続財産に属する不動産の換価処分に先立って当該不動産を遺言により換価処分する旨を通知しなければならないというべき」とし、相続人から遺言執行者に対する損害賠償請求を認めています。

　また、遺言執行者が不動産譲渡所得税を控除することを失念して第三者に遺贈してしまった場合、不動産譲渡所得税を納付した相続人から求償される可能性があります（赤沼康弘「遺言の執行実務に関する諸問題」判例タイムズ1380号41頁）。

5　遺言執行者への連絡の確保

　遺言執行者を選任しておいても、亡くなった後、すぐに遺言執行者に連絡がこなければ故人の希望がかなえられない可能性があります。

　病院に入院していて死亡するような場合、本人が病院に伝えていたり、入院した時点で連絡がきたりするので亡くなった場合でも把握はし

やすいといえます。しかし、自宅や外出先で亡くなってしまった場合、遺言者が死後事務まで依頼していることをすぐに周りが把握できず、遺言執行者に連絡がこない可能性もあります。

　同居人がいる場合、同居人に伝えておけばよいですし、親しい親族がいる場合、その人に伝えておけばよいでしょう。

　ただ、死後の事務も含めて遺言を残しておきたいという場合、同居人や親しい親族がいないということもあり、工夫が必要です。

　おひとり様の作成した遺言の遺言執行者に選任されている場合、私は、以下のような連絡依頼カードを作成して遺言を書いた方に渡すようにしています。カードは名刺サイズでラミネート加工しています。

　最低３枚渡しており、１枚は財布の中に入れてもらっています。外出先で亡くなった場合、身分証明書を探すために財布の中身を確認するかと思うので、それに対応しています。

　もう１枚は冷蔵庫に貼っておいてもらうようにお願いしています。自宅で亡くなった場合、冷蔵庫に貼ってあれば物に埋もれないで発見されることを期待しています。

　そして、最後の１枚は、信頼できる友人や親族に渡しておいてもらっています。

第３章

〈連絡依頼カード例〉

連絡依頼カード

　私●●は、葬儀や遺品整理など死後の事務や遺言執行について、下記の弁護士に委任しています。私が死亡した場合には、葬儀の手配などをする前に、速やかに下記弁護士に連絡をして下さい。

記

　　　　弁護士　　○○○○　○○○○　○○○○
　　　　　　　　　（登録番号　○○○○○）

　　　法律事務所○○○○○
　　　〒100-0013　東京都千代田区霞が関○-○-○○
　　　　　　○○○○○○○○○○２階
　　　　　　TEL：03-○○○○-○○○○
　　　　　　FAX：03-○○○○-○○○○

　もし、連絡先が変動している場合、○○弁護士会に氏名・登録番号をお伝えの上、連絡先をお問い合わせ下さい。
　○○弁護士会　電話（代表）○○-○○○○-○○○○

　私を遺言執行者に選任していた方が病院以外で亡くなったという事例はほんのわずかしかありませんが、今のところ全てのケースで警察や死体を発見した知人等から連絡をもらえています。

〈参考文献〉 **BOOK**
遺言執行の流れや注意点については、以下の書籍が参考になります。
東京弁護士会・法友全期会編著『どの段階で何をする？業務の流れでわかる！遺言執行業務』（第一法規、2020）

Q45
エンディングノートを書く際の注意点

　一人暮らしの高齢者はエンディングノートを書くとよいと聞きました。
　どのようなエンディングノートを選べばよいのでしょうか。また書くときの注意点はありますでしょうか。

　市販のエンディングノートの中から簡単に書けそうなものを選んで書いてみるということでよいかと思います。
　書く際は、最初から全てを埋めようとせずに書ける部分から書いていくとよいでしょう。ただ、解説に参照した項目については、できるだけ書いておいてもらえると残された者は迷うことが少なく助かります。
　エンディングノートには法的拘束力がないので、財産の分け方など法的拘束力を持たせたい事項については遺言を作成してください。

第3章

解　説

1　エンディングノートとは

　エンディングノートとは、特に決まった定義があるわけではないですが、大辞林（第3版）によれば「自分の終末期か死後について、その方針などを書き留めておくノート」とされています。その歴史は意外と古く、平成15年頃から使われ始めたようです。私は平成19年に弁護士登録し、そこから高齢者問題に関わっていますが、当時、既に特定非営利活動法人ニッポン・アクティブライフ・クラブや特定非営利活動法人ら・し・さなどがエンディングノートを作成していました。
　平成23年に「エンディングノート」というタイトルの映画が公開されたことや、平成24年に「終活」という言葉が新語・流行語大賞の

トップテンに選出されたことなどから、同年頃から急速に存在が知られ、世間に広まりました。

2　エンディングノートにはどのようなことを書けばよいか

　エンディングノートは、様々な事業主体が発行しており、発行主体により記載内容は少しずつ異なっています。人生を振り返り見つめ直すような内容も多く、頭から書いていくと結構悩んでしまって、エンディングノートを書こうと思って購入したが、なかなか筆が進まないという声も多く聞きます。

　エンディングノートは、もともとは、家族が困らないようにするために書いておくものです。意思能力がなくなってしまったり、亡くなってしまうと、残された家族や友人は、どのようなことを希望していたかを聞くことができません。そうなると、本当はどのように考えていたのだろうと悩んだり、必要な情報がどこにあるか探したりと苦労をかけることがあります。

　そのため、介護が必要になった場合にどのような施設を希望するか、延命治療はするのかしないのか、どのような葬儀を希望するか、葬儀には誰を呼んでほしいか、お墓はどうしたいか、どのような遺産があるかなどをあらかじめ分かるようにしておき、存命中や死後の負担をできるだけ減らすということがエンディングノートのそもそもの趣旨です。

　その趣旨からすれば、エンディングノートにいろいろな項目があったとしても、介護や終末治療、葬儀、墓、遺産などについて優先的に記載した方がよいかと思います。

　また、全てのエンディングノートに項目があるかは分かりませんが、ペットや遺品、デジタルデバイスやSNSなどについても記載をしておくことが望ましいと考えています。

　以下、項目ごとに見ていきます。

①看護・介護、告知・終末医療について

　告知、延命治療の方針、臓器提供の希望など終末期における介護、治療の方針について記載します。

　また、介護について、誰に又はどのような業者に依頼したいか、介護方針はどのようなものを希望するか、アレルギーの有無などを記載

します。

　これらの項目は、介護が必要になった時点ですでに希望を第三者に伝えることができない状態になっていることがあるため、希望をまとめておいた方が周りの人は助かります。

②葬儀のこと

　葬儀について、どのような葬儀を希望しているかを予算感とともに書いておくと、残された者が迷わずに済みます。

　また、一人暮らしの場合、交友関係が分からないことが多いため、亡くなったことを誰に伝えてほしいかを書いておくとよいでしょう。誰にも伝えなくてよいという場合も、その旨書いておいてもらえると周りの人は迷わずに済みます。

　葬儀の生前予約や生前相談をしている場合、その旨も書いておいてください。残された者が生前予約を知らないで他の葬儀社に依頼してしまうということもあり得ます。

③お墓のこと

　お墓の有無、お墓に関する事前準備の有無、事前に準備をしていない場合、墓地、納骨堂、合祀墓、散骨などどのような遺骨の供養方法を希望するか、予算感とともに書いておくとよいでしょう。

④財産

　Q11〜13のとおり、相続財産の調査はとても難しいのが現状です。一生懸命調査はしますが、正直にいって全部見つけられているかどうかは分かりません。

　相続財産については、リスト化してもらえると漏れがなくなりますし、スピーディーに遺産の調査ができます。

　特に、ネット上の預金口座や証券口座については、把握するのが困難なので、存在することを記しておくとよいでしょう。

　不動産については、自宅不動産は把握しやすいですが、それ以外の場所にある不動産は存在を知らないと把握しにくくなります。特に、先の相続手続が行われず共有状態の不動産や私道持分などは相続手続が漏れやすいので記載しておくとよいでしょう。

　Q13のとおり、借金も相続の対象になります。借金があることを知らずに相続してしまうと、相続人は自身の財産からその借金を返済

する必要が生じます。

　金融機関や消費者金融、カード会社の債務については、信用情報を調査すれば存在が分かりますが、連帯保証については調査が困難です。

　覚えている限り連帯保証をしている債務についても記載してください。漏れやすいのは身元保証や賃貸借契約の保証人ですので、誰かの連帯保証人になっていないか思い出してみてください。

3　エンディングノートには拘束力がない

　勘違いしてはならないのは、エンディングノートに法的拘束力は一切ないということです。

　例えば、父親が亡くなりエンディングノートに自宅は長男が相続するようにと書いてあったとしましょう。当然、長男は、父親の希望どおりに自宅は自分が相続したいと主張してくるでしょう。しかし、遺産がその自宅しかなかった場合、次男はそれでは納得できないかもしれません。

　次男が、きちんと平等に分けるべきだと主張してくれば、エンディングノートに書いてあったとしても、何の法的な拘束力はないので、「長男に自宅を相続する」ということは、実現できません。

　長男としては、父親の意思を次男のわがままでかなえることができなかったと次男に対する悪感情が生まれますし、次男としては、自分は父親から愛されていなかったのではないかと悩んでしまうかもしれません。

　エンディングノートに相続についての希望を書いておいたことによって、かえって兄弟の仲を裂いてしまい、相続紛争を助長するだけになることもあるのです。

　エンディングノートは、あくまで残された者の負担を軽減するためのものです。

　自分の希望をかなえてほしい、相続トラブルを防ぎたいというのであれば、エンディングノートではなく、遺言を書いておく必要があります。

Column

エンディングノートを書いてもらいたい

　高齢の一人暮らしの方の親族から、もしものためにエンディングノートを書いておいてもらいたいという相談を受けることもあります。

　そのような場合、まずはエンディングノートをプレゼントするところから始めればよいかと思います。

　以前は、高齢者に「死」の話をすることはタブーというイメージがありました。しかし、最近は「終活」という言葉も定着してきており、また雑誌などでも死に関する特集が多く組まれており、思っているほど、高齢者の間で死がタブー視されていなくなってきています。

　案外、切り出してみたら、エンディングノートを既に書いてあったり、書きたいと思っていたりするということもあると思います。

　次にエンディングノートは渡したが、全然書いてくれないという場合についてです。

　エンディングノートには、項目がたくさんあり、一から書いていくのはなかなか大変です。そのような場合、書いてほしい項目をマーカーで引いたりして、この部分だけでも書いてとお願いしてみてください。

　書いてもらえない場合には、相手にエンディングノートを書いてもらうということは諦めて、自らエンディングノートに沿って聞きたい事項を聞き取り、エンディングノートを埋めていくということにトライしてみてはいかがでしょうか。

　なお、私が監修したエンディングノート『もしもの時に安心！エンディングノート』（プレジデント社、2015）も出版されています。

第3章

Q46

葬儀等の生前予約の注意点

亡くなった後に親族に迷惑をかけないように、葬儀や遺品整理などについて生前予約をしておこうかと思います。
　生前予約に当たって何か気を付ける点はありますでしょうか。

内容が明確になっているかを確認してください。
　また、実際に費用まで前払してしまうときには、その業者の経営が安心か、生前契約の内容、特に契約の見直し、死亡時の連絡、契約の終了などが適切な内容になっているかなどを確認してください。

解　説

1　生前予約とは

　葬儀社や遺品整理業者の中には、亡くなった後に備えて、葬儀や遺品整理について生前に契約を締結しておく、生前予約サービスを提供している業者がいます。

　このような生前予約をしておけば、葬儀や遺品整理がいくらくらいかかるかが分かりますし、基本的には自身の希望どおりの葬儀や遺品整理をしてもらえます。

　葬儀は、亡くなった後すぐに手配をしなければならず、検討や準備のための時間があまりありません。そのため、思っていたのと費用や内容が異なり葬儀社とトラブルになるということもまま生じてしまいます。

　独立行政法人国民生活センターが発表している「大切な葬儀で料金トラブル発生！後悔しない葬儀にするために知っておきたいこと」（平成27年12月17日）においても、後悔しない葬儀にするために知っておきたいこととして、「事前に相談できる葬儀社を見つけてみましょう。もしもの時に慌てないように、事前に相談をしてみましょう。」「あらかじ

めご遺体の搬送や葬儀の依頼をする葬儀社を決めておくと安心です（葬儀プランまで決めておく必要はありません）。葬儀社を決めていればもしもの時に落ち着いて準備をすることができます。」と挙げています。

　葬儀の事前相談は、国民生活センターもお勧めしています。

2　内容の明確化

　生前予約をする場合、その内容や金額が明確でないと、結局は後々トラブルの火種が残ってしまいます。

　そのため、しっかりと希望している内容を伝え、費用を見積もってもらうことが重要です。

　ただ、生前予約の場合、予約をした人がいつ亡くなるか分からず、実際に葬儀や遺品整理などのサービスが提供される時期が生前予約のために見積もった時期からずいぶんと期間が空くということも想定し得ます。その間に物価が急激に変動してしまえば、当時の料金ではサービスの提供ができなくなってしまうという可能性もあります。

　そのような場合に備えて、生前予約をするときには、例えば長生きをしたらどの程度、料金が変動する可能性があるかの目安など聞いておいた方がよいでしょう。

3　契約の見直し

　葬儀や遺品整理の生前予約の場合、いつ亡くなるかが分からず、生前予約からサービスの提供までに長い期間が空く可能性があるという特殊な事情があります。

　その間に、もともと生前予約を必要としていた理由がなくなることもあり得ます。例えばですが、生前予約した時点では親族と仲違いをしていて親族に依頼ができなかったが、亡くなるまでの間に仲直りして必要性がなくなるということもあり得ます。

　そのような場合、生前予約の内容を変更したり、キャンセルしたりする可能性があります。

　それに備えて、生前契約が生前予約内容の変更やキャンセルができるような規定になっているか確認した方がよいでしょう。

　なお、サービス提供前にもかかわらずキャンセルができないという内

第3章

容の契約や多額のキャンセル料がかかるという内容の契約は認められません。

　消費者契約法 9 条 1 号は、事業者と消費者との契約において、違約金が、解除の事由、時期等の区分に応じ、当該事業者に生ずべき平均的な損害を超える額を超える場合、超える部分は無効としています。

　葬儀や遺品整理の生前予約の場合、結婚式や旅行などと違い、サービスの提供日があらかじめ決められていません。そのため、ある客が予約していたことにより、サービスの提供予定日に他の客の予約を受けられずに機会損失となったという損害は発生し得ません。

　そうなると、生前予約の変更やキャンセルによって事業者に生じる損害は、せいぜい事務手数料程度と考えられ、高額なキャンセル料が認められることはないと考えます。

　この点については、大阪高判平成 25 年 1 月 25 日（判時 2187 号 30 頁）は、会員制の冠婚葬祭業者と会員との間の契約の途中解約における解約払戻金を制限する条項について、月掛金の振替費用、会員向けのニュースや入金状況通知の作成・送付費用のみが平均的な損害であり、それを超える部分は消費者契約法 9 条 1 号により無効と判断しています。

4　死亡時の連絡確保

　葬儀や遺品整理の生前予約をしたからといって、葬儀社や遺品整理業者が自ら申込者が亡くなったことを把握して、自主的にサービスを提供するわけではありません。

　生前予約が実現されるには、生前予約者が亡くなったことを把握して、葬儀社等に連絡をする人を確保する必要があります。

　通常は親族や友人を想定していますが、協力を求めることができない場合、前記 Q43 のように遺言に記載して遺言執行者に葬儀社等への依頼をしてもらう、後記 Q50 のように葬儀等の手配について死後事務委任契約を締結しておくなどの準備が必要となります。

5　契約の終了

　生前予約をしていても、実際には、遺族の希望により、生前予約をしていた葬儀や遺品整理が実行されない場合があります。そのような場合

も、キャンセルと同様に考えることになります。

　また、遺族が生前予約の存在を知らずに業者に連絡がこないという
ケースや、遺族が生前予約の存在は知っていても依頼するつもりがなく
あえて連絡をしてこないというケースも想定できます。

　そのような場合に備えて、いつまでに連絡がこない場合にはキャンセ
ルとして扱うというような条項が定められているのかどうかを確認する
ことが必要です。また、連絡がこないことによるキャンセルに備えて、
あらかじめ返金先口座を指定しておいた方がよいでしょう。

　もちろん、連絡がこない場合のキャンセル料についても、平均的な損
害を超える額を超えることはできません。

6　生前予約においてお金を支払う場合

　生前予約は、単なる予約の場合から予約申込金や予約事務手数料とし
て数万円だけ支払っておく場合、見積金額の全てを先に支払っておく場
合など様々です。

　私が相談を受けている中でも、独居の高齢者の中には、お金を支払っ
ておいた方が安心するから先に支払いたいと希望する方も一定数います。

　しかし、先に支払ってしまう場合には注意が必要です。

　葬儀は数十万円から数百万円もする高額なサービスです。そのような
高額な費用を一民間会社である業者に支払っていても、実際にその業者
が生前予約者が亡くなるまでの間存続しているとは限りません。もし、
生前予約した業者が倒産してしまえば、支払ったお金はほとんど戻って
こないことになります。

　現に、高齢者から将来の葬儀代として預託金を集めていた公益財団法
人が、預託金を流用した結果、破産をしたという事件もありました。破
産した法人は、預託金については弁護士ら第三者の事務所で預託金を管
理するとうたいながら、実際にはそのような管理をせずに流用していた
と報じられています。

　本当に、前払したお金が保全されているかを外から確認することは困
難です。特に規制がされていない現状では、生前予約はしても、費用全
額の前払はしない方がよいといわざるを得ません。

　この点、千葉県消費者行政審議会が公表している「前払い型生前契約

による葬儀サービスに係る消費者被害防止に向けた提言」（平成 22 年 3 月 30 日）においても、「生前契約は、契約当事者の死亡後履行されるものであり、履行の時期が不確定であり、一括前払いによる契約は、消費者のリスクが高いのではないか。」と前払型の生前予約のリスクの高さを指摘しています。

Column

生前予約の預り金の税務

　生前予約に際して事前に費用を払ってもらっている場合、葬儀社としては、預かった費用は実際にサービスを提供するまでは売上げとしては計上できず前受金などとして経理処理することになります。

　また、生前予約者から連絡がこなかった場合の解約や返金について定めていなかった葬儀社において、生前予約者が明らかに亡くなっている年齢になりサービス提供をする可能性がなくなったにもかかわらずいつまでも前受金として計上し続けていたところ、税務署から売上除外と指摘されたというケースも見聞しています。

　生前予約の預り金については、税理士に相談し、適切な税務処理をする必要があります。

Q47

納骨堂の事前購入の注意点

　私には子もおらず、亡くなったとしても墓を継ぐ人はいません。かといってきちんと供養はしてもらいたいので、納骨堂を事前に購入しておこうと思っています。
　納骨堂の事前購入に当たって何か気を付ける点はありますでしょうか。また、事前購入した後、不要になった場合にはキャンセルできるものでしょうか。

　機械搬送式納骨堂は、運営維持コストがかかります。納骨堂の運営主体が安心かどうかについて、より一層厳しく確認する必要があります。
　購入をする際には、キャンセルを禁止する内容の契約になっているかの確認が必要です。
　禁止する規定がないのであれば、キャンセルは認められるのが通常です。
　キャンセルができない、キャンセルしても一切お金が返ってこないという内容の規定の場合がありますが、そのような規定は消費者契約法上無効の可能性もあります。

第3章

解　説

1　納骨堂の事前購入
　自身が亡くなった後に遺骨を納骨するために、生前に納骨堂を購入しておくという方もいます。
　納骨堂の購入の場合、葬儀や遺品整理の事前予約と異なり、事前に納骨堂の区画を購入し、その購入代金を全て支払うという契約が一般的です。
　葬儀や遺品整理の生前予約は、事前予約からサービス提供までの期間が長いといっても、生前予約から生前予約者が亡くなるまでの期間です。

　これに対して、納骨堂は、購入者が亡くなった後もお付き合いをすることになります。また、最近主流の機械搬送式の納骨堂は、維持コストや修繕コストもかかります。

　そのため、葬儀や遺品整理の生前予約よりも、より一層安定した運営主体を選択する必要があります。

2　納骨堂購入後のキャンセル

　納骨堂を購入した後、実際に自分が亡くなり、遺骨を納骨するまでの間には期間が空きます。その間に納骨堂を必要とする事情がなくなってしまった場合、解約はできるのでしょうか。

　この点、納骨壇の使用関係について特に細則や利用規約が定められていない事例ですが、契約後、死亡前に永代供養、納骨壇使用契約を解除し、事前に支払った永代供養料、納骨壇申込金の返還を求めて争われた訴訟があります（東京地判平成26年5月27日LLI/DB判例秘書L06930399）。

　同判決は、永代供養契約は供養という事実行為の準委任契約であり、別段の合意がない限り、民法656条、651条1項の規定により、各当事者は本件永代供養契約をいつでも解除することができるとしました。そして、「被供養者の死亡によって初めて委任事務が開始されるものとされていることが認められるから、永代供養契約が被供養者の死亡前に解除された本件では、いまだ被告の負担する債務の既履行部分はない」とし、契約解除に伴う原状回復義務として永代供養全額の返還義務を認めています。

　また、納骨壇使用契約については、納骨壇使用契約は建物賃貸借契約の性質を中心としつつ、準委任契約の性質を併せ有する混合契約であり、使用者は、いつでも本件納骨壇使用契約の解約の申入れをすることができ、解約申入れの日から3か月経過後（民法617条1項2号）に同契約は終了するとしました。そして、納骨壇使用契約を解除した場合、納骨壇申込金の扱いについて、「納骨壇使用契約の締結から上記解約まで、5年7か月〜7年7か月程度の期間が経過しており、その間はいずれの納骨壇においても実際に遺骨は収蔵されていないものの、被告において、原告らのために各納骨壇を割り当て、碑銘を入れた金属製プレートを納骨壇の扉に取り付けるなどして、原告らによる使用に委ねていた

のであり……、これに見合う対価相当部分は返還義務の対象とならない」としながらも、現実に遺骨を収蔵するという納骨壇としての本来的な意味での使用はいまだ開始していないこと、半永久的とされる期間を合理的に画して仮に100年だとしても、経過期間は5〜7％程度にすぎないことなどを理由に納骨壇申込金の1割に相当する金額を控除してこれを返還させるのが相当という判断をしました。

　この裁判例の判断によれば、規約がない場合、納骨堂を購入しても実際に遺骨が収蔵されるまでキャンセルは可能といえます。

3　納入された費用は返還しないという条項について

　納骨堂の使用契約も、事業者と消費者との間の契約ですから、消費者契約法が適用される可能性があります。適用される場合、消費者契約法9条1号により、事業者と消費者との契約において、違約金が、解除の事由、時期等の区分に応じ、当該事業者に生ずべき平均的な損害を超える額を超える場合、超える部分は無効となります。

　この点について、適格消費者団体である公益社団法人全国消費生活相談員協会では、納骨堂を購入する契約において、既に納入した使用権料及び管理の返還は請求することができないという使用規定について差止めを申し入れ、その結果、当該条項が修正されたという事例を公表しています（http://www.zenso.or.jp/dantaisoshou/moushiire/j_03.html）。

　納骨堂の使用契約については、「墓地経営・管理の指針等について」（平成12年12月6日生衛発1764号）において、埋蔵管理委託型標準契約約款が公表されています。

　この埋蔵管理委託型標準契約約款8条は、使用者からの解除について、次のように定めています。

（使用者による契約の解除）
第 8 条　使用者は、書面をもっていつでも契約を解除することができる。
　　　2　前項の場合においては、使用者は既に支払った使用料及び管理
　　　　料の返還を請求することはできない。ただし、墓所に墓石の設置
　　　　等を行っておらず、かつ焼骨を埋蔵していない場合において、使
　　　　用者が既に使用料納付しているときは、契約成立後〇日以内に契
　　　　約を解除する場合に限り、経営者は、当該使用料の〇割に相当す
　　　　る額を返還するものとする。
　　　3　第 1 項の場合において、契約解除の日の属する年［度］の管理
　　　　料を納付していないときは、使用者は当該管理料を支払わなけれ
　　　　ばならない。

　同条の解説の中で「墓石の設置も焼骨の埋蔵もしていない、つまり実
質的に何ら墓地を使用していない場合においてまで高額な負担を全額負
わせることは妥当ではないと考えられる」との指摘はされています。
もっとも、約款 8 条 2 項では、解除が〇日以内とされており実際に遺骨
の埋蔵をしていなくても解除が制限されている点、返還額が使用料の〇
割相当する額と一律に割合を決めている点については、消費者契約法上
の問題が生じる可能性はあります。

4　キャンセルできるとしても契約は慎重に

　このように納骨堂を事前購入し、その後、キャンセルをしようとする
場合、訴訟で争えばキャンセルが認められ、一定程度の申込金が戻って
くる可能性は高いと思います。
　しかし、納骨堂の運営主体にとっては、事前購入し実際に遺骨が収蔵
されるまでは比較的自由にキャンセルができ、かなりの金額を返金する
こととなると、購入者は、亡くなるまでの間に新たな納骨堂ができてし
まうと、キャンセルをしてそちらを購入するということが容易になって
しまいます。そのため、キャンセルや返金については争いになることが
予想されます。
　また、上記裁判例や適格消費者団体の指摘を受けて、もし納骨堂契約
を解約されても可能な限り返金する金額が少なくなるように工夫してい

る例もあります。

　購入後に返金をめぐってトラブルになることを避けるためにも、納骨堂の購入は慎重に吟味して決定した方がよいでしょう。

Column

納骨堂覆面調査の結果を受けて

　以前、雑誌の企画で覆面調査納骨堂格付けというものがあり（ダイヤモンドＱ（2015 年 9 月号））、縁あって私も監修者の一人になりました。

　その調査によれば、機械搬送式納骨堂でありながら定期的な保守がされていない、修繕のための費用が運営のための費用として想定されていないという納骨堂もあるようです。機械搬送式納骨堂では永代供養をうたっているところもあり、その場合、機械搬送システムは長期間使用されることが前提となっています。納骨堂が壊れてしまったり、システムの交換時期になった時、運営主体にそのための資金が準備されていなければ、自動搬送システムが作動しなくなり、うたっている永代供養も実現されないという事態も想定されます。

　また、契約締結前に契約書や使用細則を開示してもらえないなどという納骨堂もあったようです。

　事前購入をする際には、機械搬送システムのメンテナンスや修繕の計画、事前の契約書などの開示などを求め、安心して遺骨を任せられる納骨堂を選択することが重要です。

第3章

Q48

身元保証サービスの注意点

一人暮らしをしており、頼れる親族もいません。
自宅で孤独死することを防ぐため、高齢者施設に入所をしようと申込みをしたら、身元保証人がいないと入所できないと断られてしまいました。
身元保証サービスを利用しようと思いますが、注意点を教えてください。

介護保険施設については、身元保証人がいないという理由で利用を拒むことはできないとされています。その旨を伝えて改めて交渉をしてみてください。
　もし身元保証サービスを利用する場合、安心できる会社を選ぶようにしてください。また、高額な入会金や途中解約時の返金をめぐるトラブルも起きていますので、内容をよく確認してから契約をするようにしてください。

解　説

1　身元保証サービスとは

　身元保証サービスとは、病院に入院する際や、老人ホーム等の施設に入居する際、身元保証人を要求され、それを依頼する人がいない方を対象に、身元保証（費用についての連帯保証人、身元引受人、緊急連絡先等含みます。）を提供するサービスです。
　消費者委員会が平成29年1月31日に公表した「身元保証等高齢者サポート事業に関する消費者問題についての建議」において、「厚生労働省は、高齢者が安心して病院・福祉施設等に入院・入所することができるよう、以下の取組を行うこと」として、「病院・介護保険施設の入院・入所に際し、身元保証人等がいないことが入院・入所を拒否する正当な理由には該当しないことを、病院・介護保険施設及びそれらに対す

る監督・指導権限を有する都道府県等に周知し、病院・介護保険施設が身元保証人等のいないことのみを理由に、入院・入所等を拒む等の取扱いを行うことのないよう措置を講ずること。」を要請しています。

　もっとも、「病院・施設等における身元保証等に関する実態調査」（公益社団法人成年後見センター・リーガルサポート。平成26年10月）によると、契約書や利用約款等で身元保証人等を求めている病院は95.9％、施設等は91.3％に達しており、身元保証人等がない場合に入院、入所を認めないとしたものは、病院で22.6％、施設等で30.7％に上るとの結果も出ています。

　身元保証人、連帯保証人がいない場合、施設は、入所者が亡くなった場合に支払をどうするか、私物の引取りをどうするかなどの問題に直面します。

　Q39のとおり、相続人がいない場合や相続人が相続放棄をしてしまったような場合、施設側からしてみると、未払金の回収や私物の引取りが進まず、法的手段を取るにしても費用や時間がかかってしまうことになり、過度な負担となってしまいます。

　このように、施設側が身元保証人を付けてもらうにはそれなりの必要性がありますので、何らかの制度的な手当ができない限り、施設が入院や入所に際して身元保証人、連帯保証人を要するという習慣はなかなか減らないかと思います。

　なお、医師法は、正当な事由なく診察治療の求めを拒んではならないことを定めていますし（同法19条1項）、また、各介護保険施設の基準省令においても、正当な理由なくサービスの提供を拒んではならないことが定められています（指定介護老人福祉施設の人員、設備及び運営に関する基準4条の2、介護老人保健施設の人員、施設及び設備並びに運営に関する基準5条の2及び指定介護療養型医療施設の人員、設備及び運営に関する基準7条）。

　入院・入所希望者に身元保証人等がいないことは、上記の「正当な事由・理由」に該当しないと考えられており、身元保証人がいないことを理由に断られた場合には、上記の点を指摘し、身元保証人なしでの入院、入所を認めるように交渉をするとよいでしょう。

第3章

2　身元保証会社をめぐるトラブル

　身元保証会社をめぐるトラブルについては、独立行政法人国民生活センターが「身元保証などの高齢者サポートサービスをめぐる契約トラブルにご注意」（令和元年5月30日）を公表し、消費者に注意を呼びかけています。

　相談例としては、

　・預託金を支払うように言われているが詳細な説明がない

　・契約内容がよく分からず高額なので解約したい

　・事業者に勧められるままにサービスを追加して思ったより高額な契約になった

　・契約するつもりのなかったサービスも含まれていた

　・約束されたサービスが提供されないので事業者に解約を申し出たところ、説明のないまま精算された

などが挙げられています。

　身元保証会社が預託金を流用した結果破産してしまい、身元保証サービスの提供ができないばかりか、葬儀費用等として預けていた金銭が一部しか返還されなかったという消費者被害も現に生じており、安心できる身元保証サービス提供会社を選ぶ必要があります。

3　高額な初期費用と解約時の不返還条項

　国民生活センターが指摘しているように身元保証会社の中には初期費用として高額の預託金を要求する団体があります。

　この点について、適格消費者団体である特定非営利活動法人京都消費者契約ネットワーク（http://kccn.jp/mousiire-koureisha.html）では、身元保証サービスを提供する団体に対し、消費者との間で、身元保証支援、日常生活支援、金銭管理支援などを義務内容とする入会契約を締結する際、入会金を支払う旨を内容とする契約条項及び契約を解除された場合に既に支払った入会金の一部を返還しない旨を内容とする契約条項が消費者契約法10条により無効であるから使用をやめるよう差止めを求めた例を公表しています。

　同差止請求は、訴訟を経た上で、令和元年12月26日、

　・身元保証支援、日常生活支援、金銭管理支援などを被告の義務内容

とする入会契約を締結するに際し、「入会金」を支払う旨を内容とする意思表示を行わない。

・身元保証支援、日常生活支援、金銭管理支援などを被告の義務内容とする入会契約を締結するに際し、入会契約の解約にあたり、消費者が既に支払った「入会金」の一部を返還しない旨を内容とする意思表示を行わない。

との内容の和解が成立したと公表しています。

　身元保証サービスについても、消費者契約法は適用されますので、身元保証契約締結の際には、サービスに見合わない高額な初期費用が設定されていないか、契約を解約した場合にどの程度返金がされるのか確認してから契約を締結するようにしてください。

第3章

Column

身元保証会社に財産は全額贈与するとの契約

　名古屋地判岡崎支部令和3年1月28日（裁判所ウェブサイト）は、身元保証サービスを提供する団体が身元保証契約とともに死亡したら不動産を除く全ての財産を身元保証提供団体に贈与するという契約を締結したところ、そのような契約は公序良俗に反し無効という判断をしました。

　本書執筆時において控訴係属中とのことで、この契約が有効か無効かは現時点では確定していませんし、その契約の当不当については、契約締結の事情を知らない私は論評することができません。

　ただ、ここで重要なのは身元保証会社が契約者の方から死亡後に全ての財産をもらうという契約を締結していたという事実です。

　以前から、　部の身元保証会社では、死亡時に契約者の財産を全て譲り受ける遺言を作成している、全て死因贈与をしてもらうという契約を締結しているという噂は聞いていました。この判決により、身元保証会社においてそのような契約を締結している例が実際にあるのだということを知ることができました。

　もちろん身寄りがない方の中には、亡くなった後の財産を国庫に帰属させたり特に仲がよいわけではない甥・姪に相続させたりするくらいであれば、自分と同じような境遇の方のために用いてほしいので、亡くなる前にお世話になった団体に全額寄付したいという方はいらっしゃると思います。

　真意で自発的に申し出たのであれば何の問題もないかと思いますが、高齢で判断能力が乏しくなっている状況や他に頼れる人がいないという状況に乗じて、全財産の遺贈や死因贈与を持ちかけるとしたら、それは真意ではない可能性もあります。

　全く異なるケースではありますが、大阪高判平成 26 年 10 月 30 日（LLI/DB 判例秘書 L06920570）は、顧問弁護士が高齢及びアルツハイマー病により判断能力が低下していた依頼者（遺言能力はあります。）に対して、全財産をその弁護士に遺贈するという遺言の作成に関与していたという事例で、裁判所は「A の判断能力や思考力、体力の衰えや同人の孤独感などを利用して、依頼者の真意の確認よりも自己の利益を優先し、弁護士としてなすべき適切な説明や助言・指導などの措置をとらず、かえって誘導ともいえる積極的な行為に及んだ」と判示した上で、遺言を公序良俗に反し無効と判断しています。

　このように遺言能力があったとしても、遺言作成の状況によっては遺言の効力がないと判断されることはあります。

　これらの裁判例からすれば、たとえ故人に当時判断能力があったとしても、故人の孤独な状況に乗じて財産の遺贈や死因贈与をさせた場合、公序良俗に反し無効になる可能性があります。

Q49

認知症に備えて―成年後見、任意後見

一人暮らしの高齢者です。認知症になった場合、自分の財産が管理できなくなるのではないかと不安です。

後見という制度があると聞いたのですが、後見制度の概要や注意点を教えてください。

 後見制度には、後見、保佐、補助の3つの制度があります。判断能力の程度に応じて、財産管理を任せたりサポートしてもらったりすることができます。

また、任意後見契約という制度を利用すれば、あらかじめ後見人となってほしい人を指定しておくことができます。ただし、任意後見契約をお願いする人は、財産管理を委ねるに足るだけの信頼ができるような方でないといけないので、注意が必要です。

第3章

解　説

1　成年後見制度とは

成年後見制度とは、認知症、知的障害、精神障害などによって、判断する能力が欠けているのが常態化している方について、申立てによって、家庭裁判所が「後見開始の審判」をして、本人を援助する人として成年後見人を選任する制度です。判断能力の程度に応じて、後見、保佐、補助の3つの区分があります。

成年後見人が選任されると、成年後見人は、後見開始の審判を受けた本人に代わって契約を結んだり、本人の契約を取り消したりすることができるようになります。

成年後見人申立てに当たり特定の候補者を推薦して申立てをすることは可能です。法定相続人全員の承諾があるような場合は、候補者が選任されることが多いかと思いますが、法定相続人間で誰を候補者にするか

　争いがある場合や財産が多い場合には、家庭裁判所が職権で後見人を選任することもあります。

　その結果、候補者が選任されない場合があります。その場合、多くは被後見人が必要とする支援の内容に応じて、弁護士、司法書士、行政書士、社会福祉士等の専門職が成年後見人に選任されます。

　申立人が推薦した候補者以外が成年後見人に選任されたとしても、その点については不服の申立てができません。

　このように成年後見人は、必ずしも申立人が成年後見人に就任してほしい人が選任されるわけではない点に注意が必要です。

2　成年後見人の費用

　推薦した候補者が成年後見人になる場合、一定程度の人的関係があるので無償で引き受けてもらえることも多いかと思います。

　しかし、専門職が後見人に就任する場合は、成年後見の報酬が発生するのが通常です。報酬額は裁判所が決定するのですが、裁判所により報酬の目安を公表しています。

　例えば、東京家庭裁判所では

成年後見人

　基本報酬（通常の後見業務に対する報酬）として

　原則　月額2万円

　管理財産額（預貯金及び有価証券等の流動資産の合計額）が高額な場合

　管理財産額が1,000万円を超え5,000万円以下の場合　月額3万円〜4万円

　管理財産額が5,000万円を超える場合　月額5万円〜6万円

となっています。また、これとは別に付加報酬が加算されることもあります（平成25年1月1日「成年後見人等の報酬額のめやす」東京家庭裁判所・東京家庭裁判所立川支部）。

　成年後見は、一度手続が開始すると、判断能力が回復するか亡くなるまで手続が終了しません。認知症の場合、判断能力が回復するということは通常ないので、亡くなるまでの間、上記の基本報酬が発生し続けることになります。

3　任意後見契約

　上述のとおり、成年後見人は誰が選任されるかは確実ではありません。

　これに対して、任意後見契約を締結しておけば、後見人選任が必要になった場合、必ずその人に後見人になってもらえます。

　任意後見契約は、任意後見契約に関する法律により、公正証書で行い、その旨が登記されることになります（公証人法57条の3第1項）。

　本人の判断能力が不十分な状況になった場合、任意後見監督人選任の申立てを行います。任意後見監督人が選任されると、任意後見契約の効力が生じ、契約で定められた任意後見人が、任意後見監督人の監督の下に、契約で定めた内容の後見業務を行うことができるようになります。

　なお、任意後見監督人にも報酬が発生します。前掲の東京家庭裁判所のめやすでは、管理財産額が5,000万円以下の場合には月額1万円～2万円、管理財産額が5,000万円を超える場合には月額2万5,000円～3万円となっています。

4　任意代理契約

　上記のように任意後見契約は、判断能力が低下した場合に備えた契約なので、判断能力が低下する前には効力が発生しません。

　そうしますと判断能力はあるものの、寝たきりになってしまい外出ができなくなってしまったような場合には、任意後見契約では財産の管理を任せることができません。

　そのような事態に対応するため、任意後見契約と同時に財産管理に関する通常の委任契約を締結することがあります。このような契約を任意代理契約や財産管理契約といいます。

5　後見人が行える死後の事務について

　被後見人が死亡した場合、成年後見は終了します。

　そのため、原則として、成年後見人はその権限を行使することはできなくなってしまいます。

　ただし、必要がある場合、被後見人の相続人の意思に反することが明らかなときを除いて、相続人が相続財産を管理することができるに至るまで、被後見人が所有していた建物を修理したり（特定の財産に対する

保存行為）、支払を求められている被後見人の医療費等を支払ったりすること（弁済期が到来した債務の弁済）ができます（民法873条の2第1号、2号）。

　また、下記のような本人の死体の火葬又は埋葬に関する契約の締結その他相続財産の保存に必要な行為については、裁判所の許可を得て、行なうことができます（同条3号）。

　　①被後見人の死体の火葬又は埋葬に関する契約の締結（葬儀に関する契約は除く。）
　　②債務弁済のための被後見人名義の預貯金の払戻し
　　③被後見人が入所施設等に残置していた動産等に関する寄託契約の締結
　　④電気・ガス・水道の供給契約の解約　など

　なお、成年後見人が後見事務の一環として行えるのは火葬、埋葬に関する契約のみであり、被後見人の葬儀を執り行うことは法律上認められていません。

　このように死後の事務については、原則として成年後見は行うことができないため、死後の事務まで委任したい場合には、別途死後事務委任契約を締結する必要があります。

　死後事務委任契約については、Q50をご参照ください。

Column

任意後見契約や任意代理契約には注意が必要

　判断能力がなくなった場合、通常は、任意後見人にその財産全てを管理する権限を与えることになります。

　ですので、任意後見契約や任意代理契約を誰と締結するかは慎重に選ぶ必要があります。

　特に、任意代理契約も締結する場合には、より一層の慎重さが求められます。というのも任意後見であれば、任意後見監督人が選任されますので、一応、第三者の目が入ります。しかし、任意代理の場合、第三者が監督するという制度的な担保はありません。

　おひとり様の場合、任意後見監督人選任申立てをするような親族もおらず、事実上、任意後見監督人選任申立てをするか否かが受任者に委ねられているというケースもあります。そのような場合、受任者としては、第三者に監督されることを避けて任意後見監督人選任申立てを行わずに、任意代理による財産管理を続けるという選択もとることができてしまいます。

　その結果、本人に判断能力がなくなっても、任意後見監督人が選任されず、任意代理契約によって代理人がほしいままに本人の財産を費消するということが可能になってしまうのです。

第3章

Q50

死後事務委任契約について

　私には一応甥・姪はいるのですが、まったく付き合いはありません。亡くなった後のことで面倒をかけるのは申し訳ないので、葬儀や納骨、諸手続などをあらかじめ第三者にお願いしておこうと思います。

　死後事務委任という契約があると聞いたのですが、どのような契約でしょうか。契約締結に当たり注意する点はありますでしょうか。

　死後事務委任契約は、死後も契約が終了せずに葬儀、納骨、埋葬に関する事務等亡くなった後の諸手続等を依頼するという契約です。

　ただ財産の処分を伴うものについては、遺言を作成し、遺言執行者に執行してもらった方が確実なので、あくまで死後の事務に関するものを依頼するようにした方がよいでしょう。

解　説

1　死後事務委任契約とは

　死後事務委任契約とは、委任者が第三者に対して、葬儀、納骨、埋葬に関する事務等亡くなった後の諸手続等に関する代理権を付与して、死後事務を委任する契約をいいます。

　生前の委任契約は、委任者の死亡により終了します（民法653条1号）。

　また成年後見人も任意後見も被後見人の死亡により終了します。

　成年後見人は、裁判所の許可を得て、一定の事務を行うことができますが（Q49参照）、例えば火葬、埋葬はできますが葬儀はできないなど、制限があります。

　そこで、委任者が亡くなった後も委任契約が終了しないという特約を

付けて、死後の事務を委任するという死後事務委任契約が用いられています。

2　死後事務委任の有効姓

前述のとおり民法上、委任契約は委任者の死亡によって終了するとされています（民法653条1号）。もっとも、民法653条1号の規定は任意規定であり、委任者が死亡しても委託関係が終了しないという特約は有効です。

大判昭和5年5月15日（新聞3127号13頁）が「自己の手もとにおいて養育することができないため、生後間もなく、幼児の養育を委託した場合には、受任者が幼児を養育する限り、委任者の死亡により委託関係を終了させない特約があるものと認めるのを相当」としており、死後のことを委任するという契約自体は、相当昔から活用されていたことがうかがわれます。

そして、葬儀、法要等について委任するといういわゆる死後事務委任契約についても、最三小判平成4年9月22日（金法1358号55頁）において、委任者が、受任者に対し、入院中の諸費用の病院への支払、自己の死後の葬式を含む法要の施行とその費用の支払、入院中に世話になった家政婦や友人に対する応分の謝礼金の支払を依頼する委任契約は、委任者の死亡によっても契約を終了させない旨の合意を包含しており、民法653条はかかる合意の効力を否定するものではないと判示し、死後事務委任契約の効力を肯定しました。

3　死後事務委任の相続人からの解除

死後事務委任契約が死亡によって終了しないとしても、相続は包括承継ですので、相続人は委任者としての地位も相続します。

委任者はいつでも委任契約を解除できますので（民法651条1項）、委任者の相続人は、いつでも委任契約を解除できるのではないかとも考えられます。

この点、東京高判平成21年12月21日（判タ1328号134頁）は、死後事務委任契約の「委任者は、自己の死亡後に契約に従って事務が履行がされることを想定して契約を締結している」として、委任者の地位の

第3章

承継者が委任契約を解除して終了させることを許さない合意をも包含すると判示しています。

　なお、同判決は「その契約内容が不明確又は実現困難であったり、委任者の地位を承継した者にとって履行負担が加重であるなど契約を履行させることが不合理と認められる特段の事情」がある場合には、解除が認められるとしています。ただ、通常の死後事務委任契約において、委任者の履行負担が加重になることは考えづらいので、契約内容が明確で実現可能なものにしておくことだけ気を付けておけばよいのではないかと考えます。

　相続人からの解除が制限されるという裁判例がある以上、もともと死後事務委任契約において相続人の解除権を制限する特約をすることもできると考えられますので、そのような規定を設けておく方がよいでしょう。

4　死後事務委任契約による預貯金払戻し

　死後事務委任契約は、納骨、埋葬に関する事務等亡くなった後の諸手続などの事務を主眼にするのが通常ですが、死後事務委任契約により財産の処分はできるのでしょうか。

　相続人でない死後事務委任契約の受任者が預金を払い戻した事案（高松高判平成22年8月30日判時2106号52頁）で、預金払戻しに応じた金融機関の責任について死後事務委任契約の受任者は「（筆者注：被相続人）名義の預金の管理処分権を有しており、上記預金の全部について払戻しを受ける権限があるから、被控訴人の要求に応じて被控訴人銀行が上記預金の払戻しをしたことによって、上記預金債権はすべて消滅している。」と判断しており、死後事務委任契約の受任者による預貯金払戻しは有効と判断しています。

　ただ、同判決に関する評論として、冨田雄介「金融判例に学ぶ営業店OJT　預金業務編　被相続人と相続人でない者との死後委任契約に基づく預金払戻しを認めた事例」（金法2045号72頁）において、「委任契約の成立について争いがないとしても、相続人の同意を得て払戻しを行った方が無難」との意見もあります。死後事務委任契約の解除に制限があるとしても、相続人が解除の意思表示をしていた場合、解除の有効性を金融機関側で判断することはできません。また、当然のことながら本人

（委任者）は死亡しているため、本人に確認することもできません。そのような事情からすれば、金融機関として、相続人の同意を求めるという運用にはやむを得ない側面もあります。

　このように死後事務委任契約の受任者の受けた払戻しが有効か無効かと実際に銀行が払戻しに応じてくれるかどうかは別問題であり、金融機関によっては、相続人の同意を求める可能性があります。

　そうであるとすれば、財産の処分を伴うものについては、遺言書を作成し、遺言執行者として行ってもらう方が確実なのではないかと思います。

5　死後事務委任契約に基づく費用の預かりと信託業法

　死後事務委任契約に基づく預貯金払戻しは速やかに応じてもらえるかは不安が残ります。

　そうしますと、死後事務に要する費用は、事前に預かっておくことになります。

　では、死後事務に要する費用を事前に預かっておくことに信託業法免許はいらないのでしょうか。

　信託法2条1項において、「信託」は「特定の者が一定の目的（専らその者の利益を図る目的を除く。同条において同じ。）に従い財産の管理又は処分及びその他の当該目的の達成のために必要な行為をすべきもの」としています。死後事務委任契約の預かり金は、委任者の死後事務に用いるという目的で管理し、委任者の死亡後は目的達成のためにその財産を処分するので、一見「信託」に当たり、それを業として行うには信託業法免許が必要とも思えます。

　しかし、信託業法2条1項、信託業法施行令1条の2第1号は「弁護士又は弁護士法人がその行う弁護士業務に必要な費用に充てる目的で依頼者から金銭の預託を受ける行為その他の委任契約における受任者がその行う委任事務に必要な費用に充てる目的で委任者から金銭の預託を受ける行為」は、信託業法の対象外としています。

　ここでいう弁護士や弁護士法人は例示であり弁護士以外でも「委任契約における受任者が委任事務に必要な費用に充てる目的で金銭の預託を受ける行為一般」が信託業法の適用除外とされています（小出卓哉『逐条解説信託業法』19、20頁（清文社、2008））。

第3章

Column

死後事務委任契約か遺言か

　死後事務委任契約については、私も弁護士になり終活業界の法務（まだ「終活」という言葉はありませんでした。）に関わり始めた当初に葬儀の事前予約をした方の葬儀費用の預かりに利用できないかと着目をし、葬儀業界に死後事務委任契約で葬儀費用を預かるというシステムの提案をし、何件か死後事務委任契約を取り扱いました。当時の取り組みは、月刊フューネラルビジネス2008年8月号や月刊仏事2008年9月号にも取り上げられています。

　しかし、私は、今は、死後事務委任契約はほとんど扱っておらず、公正証書遺言により行うようにしています。遺言執行者であれば財産処分権限がありますので、事前に高額な費用を預かっておかなくても死亡後の預貯金払戻しや不動産処分で対応が可能です。また、現状、公正証書遺言でも遺体の引取りや葬儀、納骨、遺品整理、死後の諸手続は行えており、死後事務委任契約を締結していないことの不都合は感じていません。

〈参考文献〉 BOOK
死後事務委任契約の契約書式などについては、下記の書籍が参考になります。
吉村信一『死後事務委任契約の実務〈第2版〉』（税務経理協会、2020）
東京弁護士会法友会編集「死後事務委任契約実務マニュアル―Ｑ＆Ａとケース・スタディ」（新日本法規出版、2021）

Q51

家族信託について

高齢者の財産管理に家族信託という方法があると耳にしました。
家族信託とはどのようなものでしょうか。

 家族信託は、信託銀行や会社ではなく、家族や知人・友人に信託の受託者になってもらい、信託の目的に沿って信託した財産を管理、処分してもらう方法です。
遺言や成年後見に比べて自由度が高いため、注目を浴びています。

第3章

解　説

1　信託とは

「信託」とは、信託契約や遺言などの方法により「特定の者が一定の目的（専らその者の利益を図る目的を除く。同条において同じ。）に従い財産の管理又は処分及びその他の当該目的の達成のために必要な行為をすべきものとすること」をいいます（信託法2条1項）。

平成19年の信託法改正により、信託契約は自由度が高くなり、とても使いやすくなりました。信託契約であれば、契約の仕方によって内容を自由に決めることができ、遺言や成年後見制度と比べて自由度が高いことから、信託契約を高齢者の財産管理に使う方法が広まってきています。

信託の引受けを業とするには信託業免許（又は登録）が必要ですが（信託業法3条、7条1項）、業としてするのではなく、家族や知人・友人のために1回受託するだけであれば、特に信託業免許はいりません。

信託銀行や信託会社に信託すると費用がかかってしまうため、親族や知人、友人と信託契約をする家族信託が活用されています。

家族信託契約は公正証書で作成する必要はありません。もっとも、信

託契約に基づき信託口の預金口座を設けたり、不動産の売却をしたりすることもあります。その際に、ただの私文書ですと信用力が弱く、金融機関や不動産業者から疑義を持たれる可能性もあります。そのため、家族信託契約は公正証書で作成をしておくことをお勧めします。

この点、日本公証人連合会によると平成30年の民事信託の公正証書の作成件数は2223件だったとのことです。令和2年の遺言公正証書の件数は9万7700件ですので、遺言と比較したらとても少ないのですが徐々に増えてきているという印象です。

2　家族信託の活用方法

いくつか家族信託の活用方法をご紹介します。

①成年後見制度の代用として

家族信託は成年後見の代わりに用いられることがあります。

成年後見制度は裁判所が関与し報告義務が課せられます。任意後見制度であっても、裁判所から任意後見監督人が選任され、その行動が監督されることになります。親族間のことなので公的な目が入ることを嫌がるという方もいます。

また、成年後見人は本人のために行動しなければならず、推定相続人の利益のため本人の財産を処分するということは原則として認められません。

ここでよく問題になるのは、相続税対策です。

相続税対策のために資産を売却したり、相続税評価が低い財産に組み替えたいという高齢者がいるとします。本人の判断能力がある間に行えば何の問題もないのですが、不動産には売り時、買い時がありますので、もうしばらく待ってから対策をしたいという場合もあります。しかし、その間に、本人が認知症になってしまえば、もう本人は不動産売買契約を締結できません。それでは成年後見人を選任すれば成年後見人が節税対策のために不動産を処分できるかというと、節税対策は推定相続人の利益にしかならず、本人にとってメリットがないので成年後見人は節税対策ができないと考えられています。

それに比べて、民事信託契約であれば、信託の目的に相続発生後に推定相続人が承継できる資産を増やすこともうたっておけば、受託者

が引き続き相続税対策のための不動産売買契約が可能になります。

②遺言の代用として

　遺言は撤回が可能です（民法1022条）。本人の明確な意思で撤回をするのであれば問題はないのですが、中には高齢になり判断能力が乏しくなくなったことに乗じて、遺言の書換えを唆されて、つい遺言を書き直してしまうという可能性もあります。

　そのようなことを防ぎたい、今、決定したとおりに亡くなった財産を処分してほしく、将来的に遺言内容を変更したくないという場合、信託契約を用いて、委託者といえども自由に信託の変更ができないような内容にしておけば、事実上、撤回できない遺言のような使い方ができるのです。

③受益者連続型信託

　例えば、財産は面倒を見てくれている兄弟にあげたいが、その兄弟が亡くなった場合、兄弟の子（本人にとって甥・姪）とは疎遠なので、甥・姪にあげるくらいであれば他の人にあげたいという希望の場合、遺言でそれを実現するのは困難が伴います。

　信託契約であれば、受益者の死亡により他の者が新たに受益権を取得する指定ができますので（信託法91条）、後継ぎを指定することができるのです。

第3章

〈参考文献〉 BOOK

信託契約の実例や書式については、下記の書籍が参考になります。
NPO法人遺言・相続リーガルネットワーク編『実例にみる信託の法務・税務と契約書式』（日本加除出版、2011）
伊庭潔編著『信託法からみた民事信託の実務と信託契約書例』（日本加除出版、2017）
塩見哲・ダンコンサルティング株式会社編集『ケーススタディにみる専門家のための家族信託活用の手引』（新日本法規出版、2015）
宮田浩志『相続・認知症で困らない　家族信託まるわかり読本〈改訂新版〉』（近代セールス社、2020）

Q52

墓じまいについて

　　私には身寄りがなく一人暮らしです。先祖代々のお墓を
管理していますが、私が死んだ後は、誰もお墓を管理する
人がいません。
　　生前にお墓を処分しておこうと思うのですが、どのよう
な手続をすればよいのでしょうか。

　　墓じまいをするという方も増えているようです。
　　墓じまいをする場合、改葬許可を得て行うことが一般的
です。

解　説

1　墓じまい

　　いつから使われている言葉かは分かりませんが、最近、継ぐ人がいな
いお墓から遺骨を取り出して、管理者に返すことを墓じまいと呼ぶよう
になり定着してきています。

　　平成26年12月に『墓じまいのススメ』(八城勝彦、廣済堂出版)とい
う書籍が出版されているので、少なくとも平成26年にはあったのだと
思います。

　　本事例のように自分の代でお墓を管理する人がいなくなるから亡くな
る前に墓じまいをしておこうという方以外にも、先祖代々の墓が遠方に
あり墓参りが大変だから近くに移そうという方などもいます。

2　墓は祭祀継承者のもの

　　お墓は祭祀財産ですので、墓石の所有権や墓地に関する権利は祭祀継
承者が有します(民法897条)。

　　これにより、祭祀継承者は、墓地利用契約を単独で解約する権利を有
していますし、墓石を撤去することも可能です。

　　ただ、祖先を弔う気持ちは祭祀継承者のものだけではなく、親族が皆大切にしています。たとえ祭祀継承者が権利を有しているとしても、祭祀継承者一人の判断で墓じまいをしてしまっては他の親族とのトラブルを起こしかねません。

　　また、自分が死んだらお墓の管理ができなくなってしまうと考えても、それを親族に相談してみたら、それであれば他の親族が管理を引き継ぐと申し出る可能性もあります。

　　そのため、墓じまいを考えている場合、親族に対して墓じまいをしたい理由を説明し、納得してもらっておくことが望ましいでしょう。

3　改葬許可証

　　墓じまいのために墓地から遺骨を取り出す場合、改葬許可証が必要になります。

　　改葬とは、「埋葬した死体を他の墳墓に移し、又は埋蔵し、若しくは収蔵した焼骨を、他の墳墓又は納骨堂に移すこと」(墓地埋葬法2条3号)をいい、改葬をするには改葬許可証が必要になります(同法8条)。

　　これにより、遺骨を取り出し、他の墓地や納骨堂に納める場合には改葬許可証が必要です。

　　また、送骨、合祀墓への合祀についても、他の墳墓、納骨堂に移すことになるので、改葬許可証が必要になります。

　　前記Q32でも述べましたが、山中で遺骨を撒き、その上から土や落ち葉をかける行為は、一般的には「焼骨の埋蔵」(墓地埋葬法4条)に当たるとされており(平成16年10月22日健衛発1022001号18)、樹木葬墓地は墓地埋葬法上の墓地、墳墓として扱われています。そのため、樹木葬についても改葬許可が必要になります。

　　他方、手元供養や散骨については、「改葬」の定義に当たりませんので、改葬許可は不要です。ただし、自治体によっては、散骨を理由とした改葬許可証を発行したり、改葬場所未定として改葬許可証を発行するケースもあります。

　　遺骨を取り出し、手元供養、散骨をする場合は、その自治体に問い合わせた方がよいでしょう。

　　なお、遺骨を取り出した時点では改葬許可証が不要であっても、遺骨

第3章

を取り出し、手元供養をした後で、やっぱり送骨や合祀墓にしようと思う可能性もあります。

　その場合、埋葬証明書がないと次の手続に困ることがありますので、遺骨を取り出す際には、その時点では必要がなくても、将来の改葬に備えて後述の埋葬証明書をもらっておいた方がよいでしょう。

4　埋葬証明書と離檀料

　改葬許可申請書には、原則として、墓地の管理者である霊園や寺院が発行する埋葬証明書を添付する必要があります（墓地埋葬法施行規則2条2項1号）。

　寺院墓地の場合、墓じまいのために埋葬証明書の発行を依頼した際に離檀料を請求されるというケースもあります。

　これまでお世話になったお寺だからと納得ができるのであれば、支払えばよいのですが、時に数百万円の離檀料が請求され、支払を断ると埋葬証明書の発行を拒否されたというケースも耳にします。

　このような場合、埋葬証明書がないから改葬ができないかというとそうではありません。

　墓地埋葬法施行規則2条2項1号は、「これにより難い特別の事情のある場合にあつては、市町村長が必要と認めるこれに準ずる書面」と規定しています。そして、「墓地改葬許可に関する疑義について」（昭和30年2月28日衛環22号）は、「改葬許可の申請にあたり、墓地若しくは納骨堂の管理者が埋葬若しくは納骨の事実の証明を拒むべきでないのであるが、もし拒んだような場合はお尋ねのようにこれにかわる立証の書面をもって取り扱って差し支えない。」とし、また、「極力当該管理者に証明書を出させるよう指導を行」うべきとしています。

　高額な離檀料の支払を拒否した結果、埋葬許可証の発行を拒否された場合、自治体に相談し、自治体から寺院に対して埋葬証明書の発行を指導してもらいます。それでも埋葬証明書が発行されない場合、墓碑の写真や離檀料の支払を拒絶したところ埋葬証明書の発行を拒否され自治体からの指導にも応じない旨の報告書などで埋葬の事実を証明していくことになります。

Column

離檀料の支払義務

　離檀料は多義的ですが、その実質が墓石の撤去や墓地の整地に要する費用であれば、墓地使用契約上、墓地使用を止める場合には原状に復して返還することになるので、支払う義務はあるかと思います。

　他方で、離檀料が、そのような実質はなく、墓石の撤去や整地費用とは別に、単に檀家を離れるに当たっても布施の強制なのであれば、そのような請求権は認められないと考えます。

　この点、墓地に関する法務に関する書籍の中には、離檀の際に一定程度の離檀料を支払う債務が慣習上認められるという考えも紹介されています。

　しかし、私はそのような考えには反対です。お布施はあくまでその人の気持ちでするものです。布施の強制となると、それは布施ではなく解約料になるかと思います。

　東京地判平成 26 年 5 月 27 日（LLI/DB 判例秘書 L06930399）は、永代供養は供養という事実行為の準委任契約であるとしています。契約の解除に当たり高額な離檀料がかかるということになれば、消費者契約法上の問題も生じ得ます。

　適格消費者団体が納骨堂利用契約について差止請求をしている例もあります（Q47 参照）。この例からすれば墓地利用契約も消費者契約法の対象となり得ますし、解約に際して任意に支払う布施を超えて高額の離檀料の支払を強制する内容の契約ということになれば、消費者契約法 9 条 1 号により無効となる可能性もあると考えます。

第3章

Column

親族が墓じまいに反対するが自分では管理しようとしない

　上記解説中、墓じまいをする際には、親族に説明をし納得をしてもらいましょうと述べました。

　しかしながら、親族に墓じまいの相談をすると、先祖代々の墓を壊すなんて罰当たりな、私もお墓参りに行っているのになどと口を出してくる人がいます。かといって墓の維持が大変なのでと費用や管理についての分担をお願いすると、うちは本家ではないからなどと言って費用や手間は負担してくれません。

　このように口は出すがお金と手間は出さないという親族がいる場合、もし墓じまいに反対であれば、祭祀継承者をその親族として、墓地利用契約の主体もその親族としてよいか確認をしてみてください。そして、その申し出を断ってきたという手紙やメールのやり取りを保存するようにしておいてください。

　親族の反対があっても祭祀継承者の判断で墓じまいは行えます。そのような親族がいる場合、後々トラブルになることも想定されますので、祭祀継承者変更を提案したが断られたという経緯を残しておくことをお勧めします。

〈参考文献〉 BOOK

墓じまいの流れについては、以下の書籍が参考になります。

大橋理宏監修、主婦の友社編『令和版　墓じまい・改葬ハンドブック』（主婦の友社、2021）

Q53

保険の活用① 親族の受取人がいる場合

　一人暮らしで子もいません。親族とは折り合いが悪くほぼ付き合いがないのですが、仲のよい甥が一人だけいます。私が死んだら甥が葬儀を挙げてくれると思うので、葬儀費用に充ててもらうために生命保険に加入しておこうと思います。

　生命保険加入に当たって気を付けることを教えてください。

　生命保険は受取人固有の財産になるので、遺産分割協議前でも受給することができ、葬儀費用の準備に適していると考えます。

　ただ、保険の場合、支払条件を満たさなければ受け取ることはできませんので、加入する生命保険で自身のニーズを満たすことができるかをしっかりと検討してから加入してください。

解　説

1　一番親しい人に迷惑をかけるのが相続の本質

　私は、よく一般の方向けに相続セミナーをさせていただいていますが、いつもお話ししているのが「一番親しい人に迷惑をかけるというのが相続の本質である」ということです。

　葬儀費用については相続開始後に生じた費用ですので遺産分割の対象になりません（Q30参照）。同じく遺品整理費用についても相続開始後に生じた費用であり遺産分割の対象になりません。遺品整理費用については、相続財産の処分のために費やしたものなので遺産分割調停・審判とは別に訴訟提起すれば他の相続人に求償できる可能性はありますが、遺品整理費用の精算のためだけに訴訟提起をすること自体手間がかかっ

てしまいます。

　また、相続の負担は出費だけではありません。例えば預貯金の相続手続のために仕事を休んで金融機関に行ったとして、その労力や金融機関に行くために有給休暇を取得したという事実上の負担も、裁判所が遺産分割審判の中で調整するということもありません。

　もちろん相続人が全員で同意してくれれば遺産分割の際に調整するのでしょうが、相続人が同意しない場合、裁判所の遺産分割に関する判断の中で、そのような事情は考慮されないのです。

　亡くなった後、諸々の手続をしてくれるのは、一番関係性が近かった人だと思います。一番関係性が近かった人が費用と労力をかけて手続をしてくれるにもかかわらず、遺産分割では遺産を相続分に応じて平等に分けることになるので、相対的に見て損をしてしまうことになります。

2　生命保険のメリット

　生命保険には以下のようなメリットがあります。

①遺産分割の対象にならない

　　生命保険金は、受取人固有の財産となるので、民法上の遺産分割の対象となる遺産には含まれません。

　　この点、相続税を計算する際には一定額の控除はあるものの生命保険金も遺産に含めて考えます。そのため、生命保険金が遺産分割の場合も遺産に含まれると勘違いされている方もいますが、相続税法と遺産分割を規定している民法は異なる法律であり、遺産の範囲は異なります。

　　生命保険金は、受取人固有の財産となるため、葬儀や死後の手続をする予定の人を受取人にしておけば、遺産分割で相続人に応じて平等に分けたとしても、生命保険金分は多く受け取っていることになるので、一人だけ損をするということがなくなります。

②相続放棄をしても受け取れる

　　生命保険金は、受取人固有の財産になるため、相続人が相続放棄をしたとしても受け取ることができます。

　　故人の相続財産に負債が多くマイナスである場合はもちろんのこと、地方の誰も住まないような不動産しかなく、相続をしたくないと

いう場合もあります。そのような場合、相続放棄をして負債や不要な資産は引き継がないとしつつ、生命保険金は受領して葬儀などの費用に充てるということができるようになります。

③他の相続人の承諾、同意なく受給できる

　生命保険金は、受取人固有の財産ですので、他の相続人の承諾や同意がなくても受給することが可能です。

　相続が発生すると、預貯金も遺産分割の対象となります（最大決平成28年12月19日民集70巻8号2121頁）。そのため、金融機関は相続発生を知ると預貯金を凍結し、遺産分割が終わらない限り、原則として引き出せなくなります。

　例外的に、各預貯金の口座残高の3分の1に権利行使者の法定相続分をかけた金額（ただし1金融機関当たり150万円が上限）については、遺産分割前でも引き出しが可能です（民法909条の2、民法909条の2に規定する法務省令で定める額を定める省令）。

　とはいっても、権利行使者の法定相続分を明らかにするためには、法定相続人の範囲が明らかになるように戸籍を集めて金融機関に提出する必要があります。

　戸籍を集めるのは、Q3のとおり時間がかかることもあります。

　その場合、葬儀や納骨までに預貯金を引き出すことができず、遺族がそれらの費用の立替払を余儀なくされるということも想定できます。

　これに対し、生命保険金であれば、支払事由に該当したことに疑義がなければ数営業日で受け取ることができますので、葬儀費用の支払や納骨までに資金の準備ができる可能性が高くなります。

　このように生命保険は、亡くなった後のことの諸々をやってくれるであろう親族に対し、直接お金を残すことができる方法ですので、本事例のように、特定の親族とだけ仲がよいという場合、遺言と併用して、生命保険の活用も検討するとよいかと思います。

3　生命保険加入の注意点

①特別受益に準じた持戻しの可能性

　生命保険金が受取人固有の財産であり遺産分割の対象にならないとしても、「保険金受取人である相続人とその他の共同相続人との間に

生ずる不公平が民法903条の趣旨に照らし到底是認することができないほどに著しいものであると評価すべき特段の事情が存する場合」には、民法903条の類推適用により、当該死亡保険金請求権は特別受益に準じて持戻しの対象となります（最二小決平成16年10月29日民集58巻7号1979頁）。

　特段の事情の有無については、「保険金の額、この額の遺産の総額に対する比率のほか、同居の有無、被相続人の介護等に対する貢献の度合いなどの保険金受取人である相続人及び他の共同相続人と被相続人との関係、各相続人の生活実態等の諸般の事情を総合考慮して判断すべき」と判示されています。

　その後、名古屋高決平成18年3月27日（家月58巻10号66頁）は、相続財産の総額と生命保険金の総額の比率が61％であった事案で特別受益に準じた持戻しを認めています。単に比率だけで決まるわけではないですが、一つの参考になるかと思います。

②保険金不払事由への該当

　保険は、葬儀費用の準備などに使えます。

　しかし、あくまで生命保険なので、生命保険の受取要件を満たさない場合には、当然保険金は給付されません。

　よく見聞きするのが始期前発病や告知義務違反が疑われるケースのトラブルです。告知義務違反は、加入者の問題もあるので致し方ないとしても始期前発病については、加入者が知らなかったとしても保険料が支払われない可能性があります。

　葬儀費用に充てようと生命保険に加入しても、亡くなった原因が生命保険加入前からの持病が原因であったような場合、契約前発病不担保特約により保険金が支給されないケースがあります。

　保険加入時には、自身のニーズに合っているかを確認してから加入するようにしてください。

　契約前発病不担保特約の有効性については大阪地判堺支部平成16年8月30日（判時1888号142頁）が参考になります。

Column

その保険は本当に相続対策になっていますか？

　保険会社も相続対策になるからといって保険商品を消費者に勧めてくることがあります。

　しかし、その保険が本当に相続対策になっているかは吟味が必要です。

　例えばですが、法律知識に乏しい生命保険会社の営業担当者に、生命保険であれば遺産分割の対象にならないからと言われて資産の全部を生命保険にしてしまい、結局、特別受益に準じた持戻しの対象になってしまったというケースもあります。また、節税になるからと言われて保険に加入したものの、全く節税になっていないというケースもあります。

　相続対策として保険に加入する際には、保険会社の方の話だけでなく弁護士や税理士など相続の専門家にも相談した方がよいかもしれません。

第3章

Q54

保険の活用②　親族がいない場合

　相続人がいないので、親族以外の第三者を生命保険の受取人にしたいと思います。
　知り合いの保険会社の外務員に伝えたところ、親族以外は保険金の受取人にできないと言われました。
　親族以外の第三者を生命保険の受取人にすることはできないのでしょうか。

　保険加入時には、親族以外の第三者は保険金の受取人とできない保険が多いのが実情です。ただ、最近は、同性パートナーや同居している友人などの一定の条件で第三者を保険金受取人とできる保険もあります。
　また、葬儀費用のための少額な保険では第三者受取りを認めている保険もあります。
　さらには、保険金直接支払サービスという葬儀社などの事業者に直接保険金を支払う特約が付いている保険もあります。
　１社で諦めず各保険会社に聞いてみるとよいでしょう。
　また、保険加入後であれば第三者に受取人を変更することができる可能性もあります。

解　説

1　保険金受取人の範囲

　保険金の受取人は親族に限るということは特に法律で制限されているわけではありません。
　しかしながら、各保険会社では、配偶者や二親等以内の血族などである法定相続人などと保険金の受取人を親族に制限していることが多いのが実情です。

　このように受取人を親族に限定しているのは、第三者が受け取れると
すると、保険金に関わる犯罪が発生する可能性があり、そのような事件
発生を防ぐためにも親族に限っていると聞いています。

　ただ、家族の在り方は多様化しており、事実婚や同性パートナーにつ
いても、同居していることが分かる資料や保険会社のヒアリングなどを
基に保険金受取人とできる保険会社もあります。また、おひとり様が死
後事務委任契約を締結している場合の死後事務の受任者を受取人とでき
る例もあります。

　1社から親族が受取人でないと加入できないと断られても、諦めずに
自分のニーズに合った保険がないか各社に問合せしてみてください。

2　保険金直接支払サービス

　おひとり様が葬儀費用や死後の片付けなどの費用のために保険に入り
たいということも考えられます。

　そのような場合、保険金直接支払サービスという特約が付けられる保
険もあります。

　保険金直接支払サービスとは、保険会社が特定サービスを提供する事
業者を顧客に紹介し、顧客が提携事業者からサービスの利用を希望した
場合に、保険金を受取人ではなく当該事業者に対してその代金として支
払うことをいいます。

　これにより、事実上、保険金受取人を当該事業者に変更できます。

　この保険金直接支払サービスは、葬儀費用などでも用いられています。

第3章

【保険金直接支払サービス特約の例】

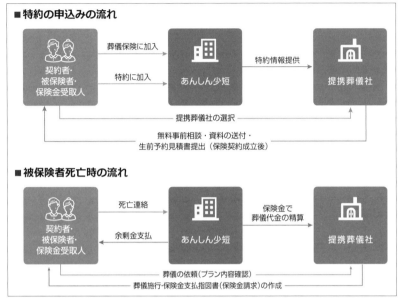

（出典：あんしん少額短期保険株式会社ホームページ

https://www.ansin-ssi.com/service/ansinsougi/（許可番号・BBR-ans-21011/20211026））

3　生命保険信託

　　保険金を第三者に支払ってもらう方法としては生命保険信託という方法もあります。

　　これは、生命保険金請求権を信託銀行に信託をし、信託銀行が生命保険金を請求し、受領した保険金を信託契約に基づいてあらかじめ指定した人、指定した金額、方法で支払をするというものです。

　　生命保険金を支払う相手は、信託契約で定めることができるため、親族以外でも第三者や特定非営利活動法人に支払うことができます。

　　また、一括で支払うことなく毎月定額を支払うなど柔軟な支払方法が実現可能です。

　　信託銀行（信託会社）がそれぞれ提携している生命保険会社と商品を設計していますので、各信託銀行に問合せください。

4　保険金受取人の変更

　保険法 43 条（生命保険契約）は、1 項において「保険契約者は、保険事故が発生するまでは、保険金受取人の変更をすることができる。」と定め、2 項において「保険金受取人の変更は、保険者に対する意思表示によってする。」と定めています。

　保険金受取人の変更行為は、相手方のある単独行為としての性質を持つといわれており、保険会社の承諾なくして変更が可能です（桜沢隆哉「保険金受取人の指定・変更の法的性質」生命保険論集 174 号）。

　そのため、保険加入後であれば、受取人を第三者に変更することは可能と考えます。

　なお、傷害疾病定額保険に関しても、保険法 72 条において同様の規定が設けられています。

　また、保険金受取人は遺言によっても変更をすることが可能です（保険法 44 条・73 条）。

　ただし、遺言による保険金受取人の変更は、その遺言が効力を生じた後、保険契約者の相続人がその旨を保険者に通知しなければ、これをもって保険者に対抗することができないとされています（保険法 44 条 2 項）。

　保険金請求が死亡後数営業日で可能であることを考えると、せっかく遺言で保険金受取人を変更しても、それを保険会社に通知する前に従前の保険金受取人が保険請求をして保険金が支払われてしまう可能性もあります。

　確実に変更をしておきたいのであれば、生前に変更をしておいた方がよいでしょう。

【遺言記載例】

> 　遺言者は、遺言者を保険契約者及び被保険者として、令和×年×月×日に締結した△△生命保険株式会社との間の生命保険契約（保険証券記号番号××××）について、その生命保険受取人が A となっているので、それを全て、B を受取人に変更する。

第3章

5　生命保険金の受取方法

　生命保険金を受け取るには、保険会社所定の請求書の他、被保険者の住民票、受取人の戸籍抄本、受取人の印鑑証明書、保険証券などの他、医師の死亡診断書又は死体検案書が必要とされることが通常です。

　医師の死亡診断書又は死体検案書は、死亡届の右側にありますので（Q26参照）、死亡届を提出する際にコピーを取っておくと便利です。

　第三者が保険金を請求する場合、ネックになるのが死亡診断書です。死亡届の提出義務者ではないため、写しを持っていないこともあります。

　また、役所から死亡届の記載事項証明書を発行してもらえれば死亡診断書を取得できるのですが、残念ながら民間へ保険会社に対する保険金請求を理由としては発行してもらえません。

　遺族がいない、遺族の協力が得られないという場合、死亡診断書の写しを手に入れられないことになります。

　そのような場合、死亡の診断をした医療機関に死亡診断書を再発行してもらうか、コピーを渡してもらうように交渉をすることになりますが、遺族でない第三者に対する発行は拒否されることが多いのが実情です。

Column

保険金受取人の変更

　おひとり様が受取人を親族以外の第三者に変更したいと申し出ても、保険会社からは親族以外には変更できないと拒否されることもあります。

　そのような場合、保険加入者がどうしても親族以外の保険金受取人を指定する必要があることをしっかりと説明した上で、保険法43条、44条により保険金の受取人は変更できるとされていること、内容証明郵便や遺言によって一方的に保険金受取人を変更してしまい後々トラブルになるよりも、任意に変更してもらう方がスムーズではないかということを説明してみてください。

Q55

地方自治体への相談

　高齢の一人暮らしです。孤独死は避けたいですが、頼れる親戚、友人もおらず、また高齢で外出もままならず、これから新たな縁を築くというのも難しいです。死んだら誰にも発見されないのではないか、死後の葬儀や遺品整理はどのようになるだろうと心配でなりません。かといって安心してお願いできる業者も知らず困っています。

　誰に相談したらよいのでしょうか。

　地方自治体やお住まいの地域の地域包括センターに相談してみてください。

　各自治体が孤独死対策を設けており、何か利用できる取組があるかもしれません。また、孤独死対策にとどまらず、亡くなった後の葬儀や遺品整理、納骨などを支援する取組をしている自治体も増えてきています。

解　説

1　国や地方自治体の孤独死防止に対する取組

　はしがきのとおり平成 19 年版高齢社会白書において「孤立死防止対策の創設」という記載がなされ、以後、高齢社会白書では厚生労働省の孤立死対策が掲げられています。また平成 18 年 8 月には「高齢者等が一人でも安心して暮らせるコミュニティづくり推進会議（『孤立死』ゼロを目指して）」が設けられました。平成 20 年 3 月に同会議の報告書が発表されました。

　平成 24 年には、厚生労働省から都道府県、指定都市、中核市宛てに「地域において支援を必要とする者の把握及び適切な支援のための方策等について」（平成 24 年 5 月 11 日社援地発 0511 第 1 号）が発され、孤立死防止のための支援を必要とする人の把握、適切な支援をするように通

第 3 章

知しています。

　また、平成 30 年 4 月 1 日施行の改正社会福祉法において、孤立防止のための自治体を始めとした地域の関係機関のネットワークの強化や見守り体制の構築を市町村に努力義務として課すなど、地域における孤立死対策を推進しています（平成 31 年 3 月 5 日「社会・援護局関係主管課長会議資料・資料 4」）。

　そのような流れの中、例えば、大阪府池田市は「池田市高齢者安否確認に関する条例」を制定し、民生児童委員と福祉委員が協力して高齢者宅を訪問する、安否が確認できない場合はそのことが市長に報告されると市の職員により立入調査ができるなどのことを定めています。また、東京都中野区では「中野区地域支えあい活動の推進に関する条例」を制定し、70 歳以上の単身者や 75 歳以上の世帯の名簿を自治会や民生委員・警察署・消防署に提供できる、町会・自治会委員と連携した区職員による支援を必要とする方への訪問などを定めています（久禮義一・平峯潤「孤独死と地方自治体の取り組み─大阪池田市、東京都中野区条例を中心に」関西外国語大学人権教育思想研究 16 号）。

　全国の自治体でも孤独死の予防策を設けており、福川康之・川口一美「孤独死の発生ならびに予防対策の実施状況に関する全国自治体調査」（日本公衛誌、2011）によれば自治体の 84.2% が孤独死防止対策として巡回・訪問活動をしており、53.9% が緊急連絡システムの構築をしているとのことです。

　私が住む東京都においては、23 区 26 市中 35 市区で見守りと銘打ったサービスを提供しているとのことです（松本暢子・佐藤智美「東京都における高齢者福祉サービスに関する研究」社会情報学研究 20 号）。

　このように孤独死の防止は、国の重点政策になっており、地方自治体は、孤独死防止のための様々な施策を用意しています。

2　地方自治体の終活支援に対する取組

　孤独死の防止からさらに進んで、高齢者の終活そのものを支援する動きも広まっています。

　中でも有名なのは神奈川県横須賀市が行っている「わたしの終活登録」や「エンディングプラン・サポート事業」です。

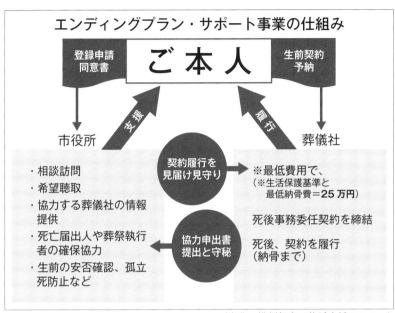

（出典：横須賀市　終活支援センター）

　「わたしの終活登録」は、本人のエンディングノートや遺言の保管場所や葬儀・遺品整理の生前予約先など終活に関わる事項を登録しておき、認知症や死亡など万が一の際に事前に指定していた人に開示するという制度です（登録情報や本人の希望により開示の範囲は異なります。）。

　「エンディングサポート事業」は、葬儀社と高齢者の葬儀生前予約や死後事務委任契約について横須賀市が葬儀社の情報提供や葬祭執行者の確保協力、安否確認などを支援し、もし葬儀社が破綻した場合には、墓地埋葬法9条により市が葬儀費用を負担するという仕組みです。葬儀社が破綻しても、契約書の写しを市が保管しており、葬儀社を変えるだけでその方の意向どおりの葬儀、埋葬が行えるのです。

　制度の詳しい内容やこのような制度を始めた理由は、塚本優氏の「葬送ジャーナリスト塚本優の終活探訪記」23回、24回に書いてありますので（https://seniorguide.jp/column/tsukamoto/1232493.html）興味のある方はご覧になってみてください。

　また、神奈川県大和市も「おひとり様などの終活支援事業」として、

葬儀生前契約支援事業や緊急時、死亡時の情報提供などを行っています。

　福岡県福岡市では、福岡市社会福祉協議会が終活サポートセンターを設けており、「やすらかパック事業」として、生前の契約により死後事務（直葬、納骨、家財処分、役所の手続等）を福岡市社会福祉協議会が委託した業者が行うというサービスを提供しています。やすらかパックの特徴は、死後事務に要する費用を前払するのではなく、少額短期保険会社と提携して月々の利用料金を支払えばよいとしていることです。

　このように各自治体が、独居の高齢者の孤独死だけでなく、葬儀や遺品整理、納骨などの不安も解消できるような制度に力を入れ始めています。

3　自治体への相談を

　もし、独居で孤独死が不安、亡くなった後のことの事務が不安だが、安心して委託できる友人や会社が見つからないという方は、お住まいの市区町村又は地域包括センターに相談してみてください。

　何か利用できる仕組みがあるかもしれません。

著 者 紹 介

武 内　優 宏（たけうち　ゆうこう）

略　歴
2002 年 3 月　早稲田大学政治経済学部政治学科　卒業
2007 年 9 月　弁護士登録（東京弁護士会）
2011 年 1 月　法律事務所アルシエン開設

プロフィール
2008 年にフューネラルビジネスフェアに死後事務委任契約を利用した葬儀生前予約契約の紹介のため出展し、2011 年に一般社団法人終活カウンセラー協会の立ち上げに関わるなど、いわゆる「終活」分野に早くから携わる。葬儀社、納骨堂、散骨事業者、葬儀保険など終活に関わる事業者の法律顧問を務めるなどし、日本経済新聞、エコノミスト誌などのメディアでは「終活弁護士」として取り上げられている。

主な著書
『失敗しないエンディングノートの書き方』（監修・法研、2013）
『誰も教えてくれなかった「ふつうのお宅」の相続対策 ABC』（共著・セブン＆アイ出版、2014）
『おひとり様おふたり様　私たちの相続問題』（セブン＆アイ出版、2015）
『もしもの時に安心！ エンディングノート』（監修・プレジデント社、2015）
『家族が亡くなった後の手続きがわかる本—相続でモメないために！』（共著・プレジデント社、2016）
『海へ還る　海洋散骨の手引き』（共著・啓文社書房、2018）

主な雑誌連載

　葬儀社のちょこっと使える法律知識（月刊仏事、2011 年 8 月〜2012 年 7 月）

　弁護士＆税理士は見た！フツウのお宅の相続事件簿（月刊スタッフアドバイザー、2013 年 1 月〜2014 年 3 月）

　知らなかったでは済まされない！葬儀社のための法律基礎講座（月刊フューネラルビジネス、2013 年 5 月〜2014 年 4 月）

孤独死が起きた時に、孤独死に備える時に
Q&A 孤独死をめぐる法律と実務
遺族、事務手続・対応、相続、孤独死の防止

2022 年 2 月 28 日　初版発行

著　者　武　内　優　宏

発行者　和　田　　　裕

発行所　日 本 加 除 出 版 株 式 会 社

本　　　社　郵便番号 171-8516
　　　　　　東 京 都 豊 島 区 南 長 崎 3 丁 目 16 番 6 号
　　　　　　T E L　(03) 3 9 5 3 - 5 7 5 7（代表）
　　　　　　　　　　(03) 3 9 5 2 - 5 7 5 9（編集）
　　　　　　F A X　(03) 3 9 5 3 - 5 7 7 2
　　　　　　U R L　www.kajo.co.jp

営　業　部　郵便番号 171-8516
　　　　　　東 京 都 豊 島 区 南 長 崎 3 丁 目 16 番 6 号
　　　　　　T E L　(03) 3 9 5 3 - 5 6 4 2
　　　　　　F A X　(03) 3 9 5 3 - 2 0 6 1

組版・印刷・製本　㈱アイワード